THE RAUPŌ PHRASEBOOK OF MODERN MĀORI

Scotty Morrison (Ngāti Whakaue) is the well-known presenter of the Māori current affairs programmes *Te Karere* and *Marae Investigates*. He holds a Diploma of Teaching, Bachelor of Education and Masters degree (Education) from Waikato University, and is currently working towards his PhD at Massey University. Scotty has been an Adjunct Professor and the Director of Māori Student and Community Engagement at Auckland's Unitec Institute of Technology, where he continues to promote te reo Māori through awareness, administration and specialised courses.

Also available

The Raupō Concise Māori Dictionary
A.W. Reed, revised by Timotī Kāretu & Ross Calman

The Raupō Dictionary of Modern Māori
P.M. Ryan

The Raupō Essential Māori Dictionary
Ross Calman & Margaret Sinclair

The Raupō Pocket Dictionary of Modern Māori
P.M. Ryan

THE RAUPŌ PHRASEBOOK OF MODERN MĀORI

Scotty Morrison

The user-friendly guide for all New Zealanders

RAUPO

A RAUPO BOOK
Published by the Penguin Group
Penguin Group (NZ), 67 Apollo Drive, Rosedale,
Auckland 0632, New Zealand (a division of Pearson New Zealand Ltd)
Penguin Group (USA) Inc., 375 Hudson Street,
New York, New York 10014, USA
Penguin Group (Canada), 90 Eglinton Avenue East, Suite 700, Toronto,
Ontario, M4P 2Y3, Canada (a division of Pearson Penguin Canada Inc.)
Penguin Books Ltd, 80 Strand, London, WC2R 0RL, England
Penguin Ireland, 25 St Stephen's Green,
Dublin 2, Ireland (a division of Penguin Books Ltd)
Penguin Group (Australia), 250 Camberwell Road, Camberwell,
Victoria 3124, Australia (a division of Pearson Australia Group Pty Ltd)
Penguin Books India Pvt Ltd, 11, Community Centre,
Panchsheel Park, New Delhi – 110 017, India
Penguin Books (South Africa) (Pty) Ltd, 24 Sturdee Avenue,
Rosebank, Johannesburg 2196, South Africa

Penguin Books Ltd, Registered Offices: 80 Strand, London, WC2R 0RL, England

First published by Penguin Group (NZ), 2011
1 3 5 7 9 10 8 6 4 2

Copyright © Angitu Ltd, 2011

The right of Scotty Morrison to be identified as the author of this work in terms of section 96 of the Copyright Act 1994 is hereby asserted.

Designed and typeset by Sarah Healey, © Penguin Group (NZ)
Printed in Australia by McPherson's Printing Group

All rights reserved. Without limiting the rights under copyright reserved above, no part of this publication may be reproduced, stored in or introduced into a retrieval system, or transmitted, in any form or by any means (electronic, mechanical, photocopying, recording or otherwise), without the prior written permission of both the copyright owner and the above publisher of this book.

ISBN 9780143566106

A catalogue record for this book is available
from the National Library of New Zealand.

www.penguin.co.nz

Contents

1. About this book — 7
2. A history of te reo — 10
3. Language change — 17
4. Dialects — 21
5. Pronunciation — 23
6. Grammar — 25
7. Key questions and statements — 58
8. Meeting and greeting — 63
9. Upsizing your reo — 67
10. The home — 77
11. The marae — 90
12. Food and eating — 105
13. Sports — 118
14. Hunting and fishing — 173
15. Fun and socialising — 187
16. The office — 198
17. Numbers and time — 213
18. Days, months, seasons and weather — 218
19. Travel and directions — 222
20. Idioms and slang — 231
21. Proverbs — 235
    Acknowledgements — 239

1. About this book

The Māori language continues to permeate all facets of society in Aotearoa New Zealand. You may have friends or neighbours who are Māori language speakers, your children's playmates may be at Māori language preschools and have Māori names, the local school may be teaching Māori language to your children as part of the curriculum, you may live in an area where Māori place names are prominent, or you may be a visitor from another country who wants to get in touch with the heritage of this beautiful country by learning a little bit more of its indigenous tongue.

Whatever your reason for wanting to learn some Māori language, this book can help. Unfortunately, I can't promise that you'll become fluent by reading it, but if you want to be able to make a speech on the marae, say a few words to your kids at home in Māori, make a few calls on the sports field without the opposition knowing what you are talking about, or use some of that alluring Māori language poeticism to charm your sweetheart, then this is the book for you! Consider it a stepping stone to greater Māori language usage in your everyday life.

You can use this resource however you want to – it's not a class you have to attend three times a week or a lecture you have to drag yourself off to for a specified time. However, I do have a challenge for you: whether your goal is to learn how to say, 'Hello, how are you?' to your Māori friend, or to learn a formal speech for a wedding, retain what you have learnt and use it again and again.

Memorising key words and phrases is important in language learning. My wife and I developed a 10-week course a little while ago based on learning phrases to use in everyday situations. It was very successful because the students on the course began to speak Māori from day one, without having to deal with a complicated grammar-based approach which can sometimes confuse rather than infuse.

Of course, there will be a time when you will have to study the rules around grammar, but that doesn't have to be done immediately, so just have some fun with the reo at first, have a few laughs, and if you decide you want to extend your reo expertise and get a bit more serious, then you might want to start thinking about pursuing a course on grammar. If you are thinking about fluency one day, any learning you do now will accumulate and pay off, so the chapters are designed in a way to initially expose you to important words that you need to know to be able to speak some te reo in each situation the various chapters cover. These key words are listed at the beginning of the chapter or situation and then placed into phrases, so that you can see how to use them.

The English translations provided may on occasion not be exactly literal. Like many other languages around the world, Māori has its own ways of expressing ideas. For example, 'Mānuka takoto, kawea ake!' in the sports section is translated as, 'I accept your challenge!' However, its literal translation would be something like, 'The mānuka stick has been laid down, pick it up!' In these instances, where an in-depth knowledge of Māori custom is required to comprehend the true meaning of a phrase, a more general translation is given, so that you understand the gist of what you are saying or hearing. It's also important to mention here that the phrases presented in this book are not the only ways to express yourself in Māori. They are merely examples of how you can say various things.

Now keep in mind that learning a language is all about diving in and giving it a go! Your pronunciation is likely to be pretty bad initially as your tongue and your brain try to navigate around the new words confronting them, but be patient, be persistent and you will be successful.

If you have never studied Māori language before, you may want to start at chapters 2–6 before you charge on into some of the later ones. These chapters give you an understanding of the history of the language and some of the basics that you need to know about grammar and pronunciation. As I mentioned earlier, grammar can confuse many, but others find grammar a good way to start.

Speaking of starts, I first began to learn Māori at the age of 19. I was born and bred in Rotorua, where Māori culture is at the core of the community's being and where Māori people make up nearly half of the population, but I was never taught how to speak Māori. I did know two phrases – 'Kia ora' and 'Kia kaha' – but that was about it. After leaving high school I went to Waikato University. I was organising my timetable for my first year when I 'accidentally' placed an 'Introduction to Māori Language' paper into my timetable, and the rest, as they say, is history.

I now advocate to learners of the language to start the journey by building a base. Learn heaps of phrases and words you know you will use. Add in a bit of grammar study towards the middle of the second year and into your third year, and from the end of your third year start to look for opportunities where you will be immersed in te reo for long periods of time.

Once the learning journey begins e hoa mā, it never ends, but what a fantastic journey it is. Remember, it's not about the destination, but the learning you do along the way. So, let's do it! Start at the beginning or head straight to a chapter that interests you. Kei a koe te tikanga, it's up to you! I am confident you will do well and soon be able to say, 'Āe mārika', when someone asks you, 'He kōrero Māori koe?'

2. A history of te reo

Aotearoa New Zealand and its indigenous Māori language have had a tumultuous and colourful history, which, it's fair to say, doesn't get much coverage in our education system. There is all the drama and passion you would want for any good story, so let's take a look over it, for insight into why the language is in the state of peril it is in today, and what the critical factors are for its future.

Māori language is a close relation of the languages spoken in the Cook Islands, Tahiti and Hawai'i. So close, in fact, that I like to tell my students that when you learn Māori, you are actually learning three other languages at the same time! You just have to make a few subtle changes here and there, that's all. Māori is probably most closely related to the language of the Cook Islands; the only major differences are the glottal stop (') in their language for the *h* and the *wh* in te reo, and their *v* is a *w* in Māori. Hawaiian is pretty close too. The Māori *ng* is the same as their *n* or *l*, the Māori *t* is the equivalent of their *k*, the Māori *wh* is their *h*, and the *k* in te reo Māori is a glottal stop in Hawaiian. Now, te reo Māori also has some linguistic and syntactic similarities to the languages spoken in Melanesia, Indonesia, Taiwan and Madagascar, so it's a language with whakapapa or genealogical ties to many other languages across the great Pacific Ocean and even further afield.

According to most accounts, it was about 1000 or so years ago when the Māori ancestors made their monumental excursion across the expansive ocean to Aotearoa New Zealand. There are many theories about the evolution of the Māori language, but most historians and language experts agree that the ancestors immediately had to adapt their language to a new environment in Aotearoa New Zealand. There were new species of animal life, new weather patterns and new economic activities that forced the development of new names and words. This was the birth of the Māori language we know today.

Māori were fiercely tribal, and upholding the authority over their lands and assets sometimes led to conflict. This could be settled by conquest, mediation or traditional customs, such as a union between a high-ranking male and high-ranking female of each tribe. Dialectal differences emerged because of the distance that some of these early ancestors lived apart from each other and the differences in their surroundings. Some lived by the ocean, some in dense, secluded bush, and others in inland areas around lakes and rivers. Each of these tribal groups created their own specific words and sayings to describe their environments. Most Māori language experts are of the opinion that these dialectal differences did not affect their ability to communicate with each other and this remains the case in today's society.

Māori language and culture remained the status quo even though missionaries had arrived in the early part of the 1800s, bringing with them new philosophies and ideologies based on the word of God. These clergymen introduced Māori to literacy by translating parts of the Bible into te reo Māori. Early missionaries, such as Samuel Marsden, made the first attempts to write down the Māori language in 1814.

Literacy was to have a huge impact on the Māori community and Māori language. The Māori memory was said to be exceptional, with genealogies including hundreds of names being recited in perfect order by some of the tribal experts. Learning to read and write became detrimental to this skill. This was of no concern to the Māori people at this stage, however, because the culture and the language was still dominant and all-encompassing, so they enthusiastically pursued literacy and got so good that they ended up teaching each other to read and write. Ngāpuhi chief Hongi Hika was one person who became very articulate in the English language. During a trip to England in 1820 to meet King George IV, he worked with Professor Samuel Lee of Cambridge University to systematise a written Māori language.

Aotearoa New Zealand was still mostly a Māori environment in the 1830s. There were more than 100,000 Māori living here. Māori language was the main mode of communication in every aspect of social, commercial and political life. Eventually, though, more and more Europeans arrived in New Zealand, attracted by trade, whaling, sealing and settlement in a new world that offered them a new beginning. There were only around 200 Europeans in the North Island in the early 1830s but by 1839 numbers had grown to approximately 2000 throughout the country, with the majority of them living in the upper North Island.

It's within the next decade that things start to get increasingly political. In 1833, James Busby was appointed British Resident in Aotearoa New Zealand by the British Government. Busby's role was to protect British trading interests and to rein in lawless settlers and traders. That may have been the idea but despite Busby's presence, lawlessness, French and American trade activity, and dubious land transactions not only continued, but grew. Busby sent a report to the Secretary of State for Colonies to let the British authorities know that land purchases were rampant, not only by settlers from New South Wales, but also by French and American citizens. He put it about as bluntly as he could, pointing out that Aotearoa New Zealand was an example of 'extreme frontier chaos'.

In August 1839 the British Government sent Captain William Hobson (one of my ancestors on my Pākehā side!) out to Aotearoa New Zealand as British consul, with orders to annex part or all of the country and place it under British rule. Part of his mission to acquire the sovereignty of Aotearoa New Zealand was to sign a treaty with the native Māori chiefs. The British Government could see that the situation in New Zealand was heading downhill fast and wanted to establish sovereignty as soon as possible. Hobson had a deadline.

At 4 p.m. on 4 February 1840 Hobson gave the final draft of the treaty to Henry Williams to translate into the Māori language. Williams was head of the Church Missionary Society and had been a missionary in Aotearoa New Zealand since 1823. Now we're talking about a serious deadline. Helped by his son Edward, the translation was finished by Williams before 10 a.m. the next day. However, any translator will tell you that was a very short timeframe for such a critical job – and he didn't even have Microsoft Word!

As a result, some of the words used to translate important concepts contained in the treaty have been the subject of vigorous debate ever since. As the chiefs started arriving at Waitangi, Hobson, Williams and Busby met behind locked doors to check and finalise the accuracy of the treaty. At this last moment, before the treaty was presented to the chiefs, Busby asked to substitute one crucial word of the Māori text. The translation of *sovereignty* had been *mana motuhake* but Busby changed it to *kāwanatanga*.

Māori language experts are generally unified in the belief that had *mana motuhake* remained in the treaty to describe the cession of sovereignty to the British and their monarchy, the treaty itself may have been rejected by the Māori chiefs gathered at Waitangi that day. *Mana motuhake* is in fact a more adept and accurate description of *sovereignty* than *kāwanatanga*. According to the *Oxford New Zealand Dictionary*, *sovereignty* is 'supreme power or complete authority'. *Mana motuhake*, in Māori terms, describes that concept. *Kāwanatanga* describes a much softer form of rule which could be accurately translated as 'governorship'. If Māori chiefs believed they were ceding mana motuhake or supreme power of their lands, assets, resources and tribal identity to the British, I for one believe the treaty would have been rejected. Just shows you the importance of getting it right when it comes to language! What a different Aotearoa New Zealand we would be in if 'mana motuhake' was used.

But anyway, back to the history lesson.

By the early 1860s, Europeans and the English language had become dominant in Aotearoa New Zealand, with Māori language starting to retreat to Māori communities in remote areas that existed away from the European majority. Te reo Māori was now officially being discouraged and many Māori themselves began to question its relevance in a European-dominated world where the most important value seemed to be to get ahead as an individual. Acts of legislation were created by the Government to assimilate Māori into the 'civilised' European lifestyle and to destroy the Māori language. The education system was brought into the picture. The Native Schools Act of 1858 stated that 'Schools would assist in the process of assimilation'. In 1871 the Government ruled that all instruction in native schools had to be in the English language, effectively shutting down Māori language in schools.

You may have heard about this and it's true. In the years following this move from the Government, Māori children were physically beaten and made to eat soap if they were caught speaking their language in the school grounds. A prominent Māori leader and politician, Sir James Henare, remembered being sent into the bush to cut a piece of supplejack vine with which he was struck for speaking te reo Māori in the school grounds. Apparently, one teacher told him that, 'English is the bread and butter language, and if you want to earn your bread and butter you must speak English.' Sir James Henare was eloquent in both Māori and English, and his pertinent remark that, 'The Māori language is the core of Māori culture and mana, if we lose it then we lose who are we,' was indeed a call to arms on behalf of the language.

Despite all the legislation put in place to nullify the Māori language, its flame still burnt reasonably brightly until the arrival of World War Two. Many of our young Māori men, the next generation of speakers on our marae and leaders in our communities, enlisted to fight overseas and were lost. This had a detrimental effect on the intergenerational transmission of the language in Māori homes. Add to this the urban shift of the 1960s and 1970s and, all of a sudden, Māori language was on the endangered species list. By the early 1970s the Māori language was near extinction – a report by Richard Benton for the New Zealand Council for Educational Research in 1971 clearly identified the language as endangered.

From the 1970s many Māori people reasserted their identity, with the revival of the language an integral part of the renaissance. New groups emerged and made a commitment to strengthening Māori culture and the language. Two of these groups, Ngā Tamatoa (The Young Warriors) represented by the late Hana Te Hemara, and the Te Reo Māori Society, represented by Lee Smith, delivered a 30,000-signature petition to Parliament on 14 September 1972 requesting government support to promote the language. This eventually lead to the establishment of Māori Language Day, and subsequently Māori Language Week, which is still celebrated today.

The 1970s really was crunch time for te reo Māori and was in fact a period of tremendous political change for Māori in Aotearoa New Zealand. Race relations came to a head with the land march of 1975, which galvanised Māori into action. In the same year the Waitangi Tribunal was established by the Government to hear Māori grievances with regards to the Treaty of Waitangi and to make recommendations of compensation to the Crown. Also in 1975 a language revival plan called Whakatupuranga Rua Mano with a 25-year horizon was implemented by the tribal confederation of Te Āti Awa, Ngāti Raukawa and Ngāti Toarangatira. At that time they had no one under the age of 30 who could converse in the Māori language. Today, according to their statistics, there are approximately 700–800 descendants under the age of 30 who can speak the language, as a result of those revival plans being followed through to fruition.

Our little journey through the history of Aotearoa New Zealand now leads us to a bloke by the name of Dun Mihaka. 'Who on earth is Dun Mihaka?' you say. Well, he was described as a 'Māori publicity seeker' by the *Truth* newspaper in 1971 and a 'Māori land activist' by the Palmerston North *Tribune* in 1979. I think he deserves a mention, however, because over several years between 1975 and 1979 he tested the courts of this country in different ways to ascertain whether the Māori language had any real status in the constitutional framework of Aotearoa New Zealand. In one case he was involved in, he staunchly refused to accept the court's jurisdiction over him unless he was allowed, by right of the Treaty of Waitangi, to address the court in the Māori language. That dispute went from the district court to the high court and eventually to the court of appeal. While Mr Mihaka lost this argument, his actions set the tone for the next wave of opposition: 'E te Kāwanatanga, ka ahatia e koe ki te reo Māori e mate haere nei?' 'Government, what are you going to do about the plight of the Māori language?'

The Māori language renaissance continued in 1978 with the creation of Aotearoa New Zealand's first official bilingual school in Rūātoki. Katarina Te Heikoko Mataira and Ngoingoi Pewhairangi launched a community-based language learning programme in 1979, where native speakers of Māori were trained to be tutors. Called 'Te Ataarangi', this programme utilised coloured rods and large amounts of spoken language to teach elementary level Māori language. In 1981 the first kōhanga reo or Māori language preschool opened at Pukeatua Marae in Wainuiomata. Kōhanga reo were the result of a major conference about the language in Wellington in 1980. The elders who attended the conference called for a fresh approach to stabilise the language once and for all, 'Where babies could be fed on the milk of their language from birth.'

Efforts to secure the survival of Māori language went to another level in 1985 when a grievance about the treatment of the Māori language was lodged with the Waitangi Tribunal. The claim made in relation to the language was the first one initiated for an intangible asset or taonga. The word 'taonga' (treasure) occurs in article two of the Treaty of Waitangi, where Māori are guaranteed protection of all their taonga. Māori considered their language a taonga. So during the tribunal hearings in 1985 many spoke of the demise of the language. The Waitangi Tribunal found the Treaty of Waitangi was 'directed to ensuring a place for two peoples in Aotearoa New Zealand'. It questioned whether the promise of the treaty could be achieved 'if there is not a recognised place for the language of one of the partners to the Treaty'.

There were various arguments against the claim from European New Zealanders, with some saying that minority languages should not be imposed on the majority, that the Māori language could not adapt to the modern world, that it was not an international language and that official recognition was an empty gesture. The tribunal pointed out that with official recognition, minority languages had survived and flourished elsewhere. Official recognition of both languages and cultures would encourage respect for their differences.

The tribunal released its findings in 1986, recommending five ways for the Government to remedy breaches of the treaty regarding the Māori language:

- Pass laws allowing te reo Māori to be used in courts and dealings with local and central government.
- Establish a statutory body to 'supervise and foster the use of Māori language'.
- Examine the teaching of te reo Māori and 'ensure that all children who wish to learn Māori should be able to do so'.
- Recognise and protect te reo in broadcasting.
- Ensure that speaking both Māori and English be a necessary or desirable requirement for certain public service positions.

In 1987 the Māori Language Act was passed, establishing the Māori language as an official language of Aotearoa New Zealand and conferring the right to speak Māori in legal proceedings regardless of ability to understand or communicate in English, or any other language. It also established the Māori Language Commission, Te Taura Whiri i Te Reo Māori. This legislation forced the Government to acknowledge that it had a responsibility to ensure the language's survival and of course provide funding.

Over the past few years te reo Māori has enjoyed an increased presence on television, on radio and in schools. There is even a dedicated Māori Television station now, which has a mandate to revive and retain the Māori language. Seems helpful, right? The problem is, these positive steps have led people to falsely believe the future of the language is secure. But this is not the case. Māori needs to be spoken, and spoken widely, before we can say it is truly back from the brink. Statistics from the 2006 Census show that only 23 per cent of Māori adults have the ability to speak Māori 'about a lot of everyday things'. Translated into numbers this means that there are roughly 131,600 speakers. According to the Health of the Māori Language survey in 2006 only 14 per cent of this population are proficient speakers, meaning that out of a population of 565,000 Māori people, there are only 18,000 fluent speakers. It's a very sobering statistic, but one I believe we can turn around.

I hope the information in this chapter has opened your eyes and your heart to a language that has had to fight very hard for survival. The future is now in our hands. Even though it's made a comeback from the brink of extinction, it still remains in a perilous state. When you begin to utter the phrases and words in this book, you will be contributing to the renaissance of a language that is over 1000 years old. I believe Māori language can offer something to all of us. So, kia kaha koe e hoa, give it heaps and thank you for your contribution!

3. Language change

Te reo Māori, just like any other living language in the world, has changed over the years. It has entered the new millennium equipped with many new words (most of them compliments of the Māori Language Commission) and many new phrases (most of them created by today's fluent speakers) to ensure it remains relevant and trendy in this fast-developing technological world we live in. There are a plethora of reasons as to why the language has changed and it's safe to say from personal experience that there are numerous Māori speakers out there who don't accept some of the changes and are very resistant to some of the new vocabulary that has been created.

I view this as positive because in my opinion it's a demonstration of the passion these people have for their precious language; however, in saying that, we also need to remain aware of the fact that no matter which living language of the world you may choose to analyse, each and every one of them has gone through some change throughout the years. Some have had more dramatic change than others, but hey, change is change, and if a language is not constantly changing or evolving to meet the needs of its new generation of speakers, its future is not bright. There is only one type of language that is not developing with the times and that's an extinct one. So, my advice to all of us is to embrace the changes and not be afraid of them, but at the same time let's keep putting measures in place to protect the integrity of our language so its structure, richness and beauty remain intact. As one of my mentors and renowned Māori language expert Professor Timotī Kāretu says:

> E whakaae ana au ko tēnei mea ko te reo ka rerekē haere i roto i te wā, engari, e kore au e whakaae ko tēnei reo kimikimi, reo pōhēhē rānei e puea ake nei i waenganui i a tātou hei tauira hei whāinga mā te katoa. E takakino ana tātou i te reo ki te waiho e tātou koinei te āhua o te reo, arā, ko ngā kupu e Māori ana, engari, ko te whakatakoto mai e Pākehā kē ana, ā, ko ngā ture e whāia ana tē aro i te tangata i tīkina atu ra i hea, e hika e!
>
> *I realise fully that language must evolve with the times, but I oppose with conviction this menial, solecistic style of language emerging amongst us that all and sundry are beginning to mimic. We are doing our language a disservice if we let this inelegance continue, where the words being spoken are Māori but the sentence structures are English, and as for the grammatical rules being followed, one is at a loss to ascertain where those have come from; it's diabolical!*

The arrival of Europeans was the catalyst for some significant changes to the language. As mentioned in the previous chapter, they introduced literacy and the teachings of the Bible to the Māori people, and brought with them tools, clothing and food never seen before in this country. Some Māori words took on new meanings, such as *huka*. The original meaning for huka was 'snow' but this changed when Māori were introduced to sugar. The appearance of sugar was likened to snow and so huka became the word for sugar. Over the years huka has begun to lose its meaning for snow and is now more widely known as the word for sugar. Other words like 'hukarere' and 'puaheiri' are more commonly used to describe snow nowadays.

There are also many borrowed words from the English language that have infiltrated te reo Māori and over a period of many years these words have become a natural part of the Māori lexicon. They are known as transliterations and are easily identified because they still sound like an English word, for example, *tāone* for *town*, *pōhara* for *poor*, *motukā* for *car* and *Hānuere*, *Pēpuere*, *Māehe* . . . for January, February, March and the rest of the months of the year. There are also borrowed French words in the Māori language, such as *mīere* (miel) for *honey*.

The world has gone through huge change in the past 30 years with the age of technology forcing all languages to be savvy and inventive to keep up. Since its inception in 1987 the Māori Language Commission has been the major change agent in terms of the Māori language. One of its main functions is to create new words to keep te reo Māori *en vogue*. This task is not done hastily or recklessly, but with careful thought, research and deliberation. The new words are always sourced from traditional words and concepts. A good example of this is the Māori word for a microwave oven. The Māori word for *wave* is *ngaru* and *iti* means *small*. Since the Māori language follows a noun-adjective structure and not the adjective-noun arrangement you have in English, you end up with *ngaruiti* as a new word for a microwave oven.

The Māori Language Commission has been heavily criticised over the years for creating, according to some, a new language that many are unable to comprehend. I believe the Commission does a fine job of keeping our language alive and relevant. If our language doesn't evolve and develop new words for the new technology we are exposed to each and every day, it will perish. To conclude, here are some phrases that are related to language change:

E tino mōhio ai te tangata ki te tangata me mōhio anō ki te reo me ngā tikanga a taua tangata
To know a people well, one needs to know their language and customs

Kei konā a ngāi ahikauri ki te huringa o te reo
There are those who have an aversion to language change

Ehara i te mea kātahi anō a ngutu momoho mā ka rangona
It isn't the first occasion the negative thinkers have made themselves heard

He roa te wā e whakamāuitia ake ai he reo
Languages take time to be revived

Huri te ao, huri te reo, tē taea te aukati
As the world changes, so must language, it cannot be stopped

Ko te mate kē, kāore i te aro nui ki te hē o te takoto o te kupu
The problem is that not much attention is being paid to grammar

Kei tukua te reo kia horokiwa!
The language must not be left to waste away!

Kia rongo ai te reo e kōrerotia ana e ōna anō tohunga
To hear the language spoken by those who are masters of it

Rakorakohia ake ngā kupu tawhito, kōrerotia
Uncover ancient words, and use them

Kia hōhonu ai te puna kupu
Let the pool of words be deep

Ko te mea kē hei whakamihatanga, ko te oranga mai o te reo i te pari o te rua
What needs to be applauded, is the revival of the language from the edge of doom

Koirā ngā āhuatanga ka ngaro i roto i te wā
These are the features that will disappear over time

Kotahi tonu te reo e kaha ana te rangona
There is one language heard virtually everywhere

Kotahi tonu te reo engari inā ōna mita
There is one language with many dialects

Kua roa tēnei take e tohea ana
This has long been a contentious issue

Ko tērā momo matatau ki te reo
That type of fluency

Ko te tino mōhio nei ki te rāwekeweke i te reo
The ability to manipulate and to retain

Kia mau tonu ai te wairua Māori i roto i te kōrero
Always retain a Māori essence within what is said

Ko te reo hou nei i takea mai i tō whakapata reo
The contemporary language is premised on the classical one

4. Dialects

The major differences in terms of language style pertaining to the tribes of Aotearoa New Zealand are contained within the pronunciation of words, the vocabulary and idioms. As mentioned earlier, Māori ancestors were able to communicate effectively with each other despite dialectal differences and, even in today's setting, a fluent speaker of Māori has no problem understanding other dialects of Māori.

Some linguists propound the theory that older speakers of Māori are more likely to speak Māori identifiable with a particular dialect or region, whereas younger speakers of Māori tend to do a lot of dialect mixing, especially those living in urban areas. This view does have some merit with the onus being on the young people to rediscover their own particular dialect if they are not living in their tribal regions. The majority of young Māori speakers are outside their own tribal areas being taught by people who speak a dialect that is not their own. I remember my Māori language lecturer at Waikato University, who was from the Tūhoe tribe in the eastern Bay of Plenty region, telling me I was sounding like a Tūhoe even though I am from the Te Arawa confederation of tribes in the Rotorua area. My main focus at that stage was to just learn the language; dialect was irrelevant. If you are fortunate enough to be learning your own dialect, great! If you're not, don't worry! It's possible to learn your dialect at a later stage, and anyway, in my opinion the differences are not huge. To illustrate this point, let's take a look at some examples.

In the Te Waiariki or Bay of Plenty area *karekau* is used by the tribes there for 'no' or 'not at all'. The synonym used by tribes in Te Tai Tokerau or the northern part of the North Island is *kīhai*. Both areas are aware of the difference and make allowances when conversing with a speaker from the other area.

In the Whanganui and Taranaki regions of the North Island the *h* is not pronounced and is replaced instead by a glottal stop, so the word *whenua* (land) becomes *w'enua*, and *whakarongo* (listen) becomes *w'akarongo*.

If we cross over to the northeast of the North Island to the Tūhoe region in the eastern Bay of Plenty, *ng* has merged with *n*, so the word *kanga* (to curse) sounds like *kana*, and *tangihanga* (funeral) sounds like *tanihana*. In parts of the Far North, where the tribes of Ngāpuhi, Te Aupōuri, Te Rarawa, Ngāti Hine, Ngāti Kurī and Ngāti Kahu live, *wh* has merged with *w* to produce a soft whispering sound on words like *whare* (house) and *whati* (to break or snap). In the South Island dialects, the *ng* dipthong is a *k*, so you get words like *karanga* (to call) having its *ng* replaced by a *k* to become *karaka*. North Island tribes call the highest peak of the South Island *Aorangi* (Mt Cook), but to local tribes of the South Island it's *Aoraki*.

The Ngāti Porou tribe on the East Coast of the North Island has a well-known colloquialism, *Ka mau te wehi*, meaning 'awesome'. The Ngāpuhi people, who inhabit the Kaikohe region, have a similar colloquialism which is just as well known, *Haramai tētahi āhua*. If you were to venture to the East Coast you may be greeted by the local people with a *Kai te aha?* For most tribal groups *Kei te aha?* means 'What are you doing?' but on the East Coast it's a form of greeting which is saying, 'Hello, how are you?' You may have recognised the difference in spelling of the *kai* and the *kei* in these examples, which again is a characteristic of dialectal difference.

I can hear you saying, 'I thought *kai* meant food?' and yes, you are correct! *Kai* is still the commonly accepted word for 'food' throughout all tribal areas. It is also used in some instances to convert a verb into a noun, for example, *hanga* is the verb *to build* so a *kaihanga* is a builder, *kai* indicating the one who performs the action, in this case, the building.

Some variations in the language come with the spelling of the words and some obvious examples of this would be *taina* and *teina* (younger sibling or relative), *toimaha* and *taumaha* (heavy), and *tupuna* and *tipuna* (grandparent or ancestor).

My advice to you is to not get too caught up in the dialect debate. At the end of the day, the differences in te reo Māori are probably not even big enough to be termed 'dialectal'. Regional variations may be a more accurate term to describe the current differences in the Māori language. These dialectal differences did not inhibit our ancestors being able to comprehend each other, and they shouldn't inhibit your learning of the language. The phrases in this book are examples taken from the Māori language in its entirety and not necessarily from a particular dialect. The chapters on idioms and proverbs however may originate from specific areas. Remember, there is only one Māori language with many dialects, so it doesn't matter which dialect you are learning, the outcome will be the same, the ability to speak Māori!

5. Pronunciation

Māori is a phonetic language which, when compared with other languages of the world, is reasonably simple to pronounce. All that is required is a bit of attention, a dose of respect and a sprinkle of patience. Yet pronunciation of te reo Māori by most New Zealanders is atrocious! I do not accept any of the excuses people give as to why they can't pronounce the Māori place names that are all around us. The key to correct pronunciation is to master the sounds of the five vowels: *a, e, i, o, u*. The best way, for most people, to learn the vowel sounds is by using examples in English:

The vowel *a* is pronounced as in the English c<u>u</u>t
The vowel *e* is pronounced as in the English <u>e</u>gg
The vowel *i* is pronounced as in the English k<u>ey</u>
The vowel *o* is pronounced as in the English p<u>aw</u>
The vowel *u* is pronounced as in the English sh<u>oe</u>

There are long and short vowel sounds, with macrons used on the long vowels to indicate the long vowel sound:

The vowel *ā* is pronounced as in the English c<u>ar</u>
The vowel *ē* is pronounced as in the English p<u>ea</u>r
The vowel *ī* is pronounced as in the English <u>eel</u>
The vowel *ō* is pronounced as in the English p<u>our</u>
The vowel *ū* is pronounced as in the English r<u>oo</u>f

If you give the wrong sound to these vowels you are well on your way to messing up the correct pronunciation of a Māori name or word. The words *Taranaki* and *Waikato*, for example, are commonly mispronounced because the sound of the vowel *a* is said flat like you might hear in the word c<u>a</u>t. Sometimes long vowel sounds are shortened or short vowel sounds are lengthened' which gives the word a whole new meaning. The most obvious example of this is the word *mana*, which translates to 'power, authority, control, influence'. As you can see by the way it is written, there are no macrons on the two vowels in the word mana, and yet the vast majority of people tend to assign a macron to the first *a* so it gets mispronounced as *māna*, which is a word denoting possession and translates as 'for him or her'.

Pronunciation 23

Once the correct pronunciation of the vowel sounds is achieved, it should give you the confidence to dive on in there and make an honest attempt to say any Māori word correctly because, apart from length, the pronunciation of each vowel in Māori words is constant.

There are 10 consonants: *h, k, m, n, ng, p, r, t, w, wh*. The pronunciation of these consonants is pretty straightforward and they are generally pronounced as they are in English, but most people have some difficulty with the *ng* digraph.

The *ng* is said as it sounds in the English word *singer*. A common mistake is to pronounce it as it appears in the word *finger*.

The *wh* digraph is usually pronounced as an English *f* sound except in the Taranaki and Whanganui regions. In Taranaki the *wh* is omitted for a glottal stop. In Whanganui the *wh* is pronounced like a *w*. For example a Whanganui speaker will pronounce the word *Whanganui* as *W'anganui*.

The *r* is rolled. It almost sounds similar to a *d* in English, but softer like the *d* sound in the word *shudder*.

The final consonant that may differ slightly from English pronunciation is the *t*. The pronunciation of this consonant varies depending on which vowel appears after it. When followed by an *i* or *u* it has an *s* sound, but it's not nearly as prominent as the *s* sound you hear in English. When followed by an *a, e* or *o* it's pronounced with little or no *s* sound.

Here's a little exercise for you to do. Flick through some of the pages in this book and, at random, have a close look at some individual Māori words in the text. Ask yourself, 'What particular trait am I seeing in these words?' Okay, let me put you out of your misery. All the syllables end in a vowel! That's why linguists use the term 'open syllable language' when they talk about the reo. Even words borrowed from other languages have been adapted to harmonise to this rule, such as *āporo* for *apple* and *Hepetema* for *September*.

6. Grammar

Okay, so how many of you have forced yourself to read this chapter? The word 'grammar' seems to have that effect on people! I've been teaching te reo Māori in tertiary institutions for over 10 years now and I've yet to meet a student who gets 'turned on' by grammar! Nonetheless, it is an area that eventually becomes vital to proficiency in te reo. The grammar notes that follow are designed to give you a brief introduction to aspects of Māori language sentence structure. So let's begin with tense markers.

Kupu tohu wā/tense markers

Tense markers are important because they indicate a shift in tense in the conversation. You don't want to be telling someone that you are doing something tomorrow when you actually did it yesterday, do you? So your basic action phrase tense markers are represented by the following verbal particles:

Kei te . . ./E . . . ana	*Present tense active*
I . . .	*Past tense*
Kua . . .	*An action has occurred*
Ka . . .	*Future tense*

The basic action phrase looks like this:
   Tense marker + verb + agent (of the action)
   Kei te haere ia   *He/She is going*

The only variation on this occurs when using the present tense marker *E . . . ana*. In this instance, the verb sits in between the *e* and the *ana* like this:
   E haere ana ia   *He/She is going*

This is different from the basic English language action phrase, which looks like this:
   Agent (of the action) + tense marker + verb
   He/She is going

Let's look at some examples using the verb *oma* or 'run' and the pronoun *ia* or 'he/she' to highlight the differences of each tense marker:
   Kei te . . . (present tense marker)
   Kei te oma ia   *He/She is running*

E . . . ana (present tense marker)
E oma ana ia — *He/She is running*
I . . . (past tense)
I oma ia i tērā wiki — *He/She ran last week*
Kua . . . (an action has occurred)
Kua oma ia — *He/She has run*
Ka . . . (future tense)
Ka oma ia āpōpō — *He/She will run tomorrow*

All of these statements can be turned into a question by a simple change in voice inflection or, in written form, the addition of a question mark at the end of the sentence:

Kei te . . . (present tense question)
Kei te oma ia? — *Is he/she running?*
E . . . ana (present tense question)
E oma ana ia? — *Is he/she running?*
I . . . (past tense question)
I oma ia i tērā wiki? — *Did he/she run last week?*
Kua . . . (question – has the action occurred?)
Kua oma ia? — *Has he/she run yet?*
Ka . . . (future tense question)
Ka oma ia āpōpō? — *Will he/she run tomorrow?*

In my experience most people have a problem with the *kua* tense marker. The rest seem to sit ok with the majority after a bit of practice. So here's a little tip to help you understand kua. It's one of the few times I would advocate thinking English when you're attempting to speak Māori, but if your English sentence has the word 'have' or 'has' in it, then kua is the tense marker you will start your Māori sentence with. Best way for you to comprehend this is to view some examples. I have purposely placed the English sentences on the left side of the page, because in this instance, you are referring to the English language to help you begin your Māori phrase:

I **have** eaten — **Kua** *kai au*
I **have** finished — **Kua** *mutu au*
I **have** been defeated — **Kua** *hinga au*
They (two people) **have** slept — **Kua** *moe rāua*

They (three people) **have** gone to the shop	*Kua haere rātou ki te toa*
She **has** arrived	*Kua tae mai ia*
The dog **has** died	*Kua mate te kurī*
He **has** bought a drink for you	*Kua hoko inu ia māu*
Your ball **has** gone missing	*Kua ngaro tō pōro*
The milk **has** run out	*Kua pau te miraka*

And again, where appropriate, some of these statements can be turned into questions, and the above formula still works.

Have I been defeated (lost)?	*Kua hinga au?*
Have they (two people) slept?	*Kua moe rāua?*
Have they (three people) gone to the shop?	*Kua haere rātou ki te toa?*
Has she arrived?	*Kua tae mai ia?*
Has the dog died?	*Kua mate te kurī?*
Has he bought a drink for you?	*Kua hoko inu ia māu?*
Have you lost your ball?	*Kua ngaro tō pōro?*
Has the milk run out?	*Kua pau te miraka?*

Terms indicating time

Here are some terms that will also play a part in setting the tense for your conversation. You will notice that all the past or present tense words or phrases begin with *I* and future tense words or phrases begin with *Ā*:

Past or present tense words

Inahea?	*When?*
Ināianei	*Now*
I te ata nei	*This morning*
I te ahiahi nei	*This afternoon*
I te whā karaka	*At four o'clock*
I te rā nei	*Today*
Inanahi	*Yesterday*
I te Rāhina	*Last Monday*
I te Rāmere	*Last Friday*
I tēnei wiki	*This week*
I tērā wiki	*Last week*

I tērā marama	Last month
I tērā tau	Last year

Future tense words

Āhea?	When?
Ākuanei	Soon
Ā te ata nei	When morning comes
Ā te ahiahi nei	This afternoon
Ā te whā karaka	At four o'clock
Ā te Rāhina	On Monday coming
Ā te Rāmere	Next Friday
Ā tērā wiki	Next week
Ā tērā marama	Next month
Ā tērā tau	Next year

Whakakāoretanga/Negatives

You may have observed that the examples so far have all been affirmative, that is, they are all describing actions that are happening, have happened or are about to happen. These phrases can be converted into the negative by using particular negative forms which are fairly specific when it comes to te reo Māori. Now, here's my tip for getting negative sentence structures right.

Step 1: Adjust the affirmative sentence structure from this . . .

Tense marker + verb + agent

Kei te haere ia

. . . to this (you are moving the agent to the front of the sentence)

Agent   +   tense marker   +   verb

ia   Kei te   haere

Step 2: Place your negative word *(kāore)* at the very start of the sentence so you end up with this:

Kāore ia kei te haere

Step 3: The sentence in Step 2 is still grammatically wrong, so the last change you need to make is to change the *kei* to an *i*:

Kāore ia i te haere   *He/She is not going*

This three-step process works the vast majority of the time when negating basic action phrases (except those that begin with *kua* – I have another formula for those ones). And even better, you only need to do steps 1 and 2 to negate the action phrases that begin with *e . . . ana, i,* and *ka*. Always remember though, you need to do Step 3 when negating action phrases that begin with the tense marker *kei te*. And just another point here, this is not the only way to negate sentences. There are other formulae and other sentence structures you could use. Those can be learnt over time; focus on this way for now. Right, time for some more examples.

To negate *Kei te . . .* (present tense marker) use *Kāore . . . i te . . .* (steps 1, 2 and 3):

    Kei te oma ia   *He/She is running*
    Kāore ia i te oma   *He/She is not running*
    Kei te moe ia   *He/She is sleeping*
    Kāore ia i te moe   *He/She is not sleeping*

To negate *E . . . ana . . .* (present tense marker) use *Kāore . . . e . . . ana* (steps 1 and 2):

    E oma ana ia   *He/She is running*
    Kāore ia e oma ana   *He/She is not running*
    E kōrero ana au   *I am talking*
    Kāore au e kōrero ana   *I am not talking*

To negate *I . . .* (past tense) use *Kāore . . . i . . .* (steps 1 and 2):

    I oma ia i tērā wiki   *He/She ran last week*
    Kāore ia i oma i tērā wiki   *He/She did not run last week*
    I ruaki te ngeru inanahi   *The cat vomited yesterday*
    Kāore te ngeru i ruaki inanahi   *The cat didn't vomit yesterday*

To negate *Ka . . .* (future tense) use *Kāore . . . e . . .* (steps 1 and 2):

    Ka oma ia āpōpō   *He will run tomorrow*
    Kāore ia e oma āpōpō   *He will not run tomorrow*
    Ka karanga te wahine   *The woman will call*
    Kāore te wahine e karanga   *The woman will not call*

I have used *kāore* for these examples but speakers of other dialects will use *kāhore*, *kīhai* or *kāre*. You can take your pick as to which word you will use as they all have the same meaning. For sentences beginning with *kua* we use *kāore anō*. Here's the formula to negate a phrase beginning with *kua*:

Step 1: Adjust the affirmative sentence structure from this . . .
  Tense marker + verb + agent
  Kua **haere** **ia**
. . . to this (you are moving the agent to the front of the sentence)

  Agent + tense marker + verb
  ia **Kua** **haere**

Step 2: Place your negating phrase *(kāore anō)* at the very start of the sentence so you end up with this:
Kāore anō ia kua haere

Step 3: The sentence in Step 2 is still grammatically wrong, so to fix this you need to make to change the *kua* to *kia*:
  Kāore anō ia kia haere   *He/She has not gone yet*

Here are some examples to help you:
  To negate *Kua* . . . (an action has occurred) use *Kāore ano* . . . *kia* . . .
  Kua oma ia   *He has run*
  Kāore anō ia kia oma   *He hasn't run yet*
  Kua piki te tama i te rākau   *The boy has climbed the tree*
  Kāore anō te tama kia piki i te rākau   *The boy has yet to climb the tree*
  Kua waiata a Mereana   *Mereana has sung*
  Kāore anō a Mereana kia waiata   *Mereana has not yet sung*
  Kua mutu te pōwhiri   *The formal welcome has concluded*
  Kāore anō te pōwhiri kia mutu   *The formal welcome hasn't concluded*
  Kua whara ia   *He/She has hurt himself/herself*
  Kāore anō ia kia whara   *He/She hasn't hurt himself/herself yet*

Don't forget, a slight inflection at the end of the sentence and you will have turned these negative action phrases into questions:

Kāore ia i te oma?	*Is he/she not running?*
Kāore ia i te moe?	*Is he/she not sleeping?*
Kāore ia e tākaro ana?	*Is he/she not playing?*
Kāore au e kōrero ana?	*Am I not speaking?*
Kāore ia i oma i tērā wiki?	*Did he/she not run last week?*
Kāore te ngeru i ruaki inanahi?	*Did the cat not vomit yesterday?*
Kāore ia e oma āpōpō?	*Will he/she not be running tomorrow?*
Kāore te wahine e karanga?	*Will the woman not be calling?*
Kāore anō ia kia oma?	*Has he/she not run yet?*
Kāore anō te tama kia piki i te rākau?	*Has the boy not climbed the tree yet?*
Kāore anō a Mereana kia waiata?	*Hasn't Mereana sung yet?*
Kāore anō te pōwhiri kia mutu?	*Has the welcome not concluded?*
Kāore anō ia kia whara?	*Has he/she not hurt himself/herself yet?*

Hāngū/Passives

Passive sentence structures are commonly heard in te reo Māori, so much so that you could probably say it's the preferred style of a great number of Māori language speakers. But what is a passive sentence and what does it do? Firstly, take a look at these two sentences:

I patu te ngeru i te manu
The cat killed the bird

I patua te manu e te ngeru
The bird was killed by the cat

The first sentence is called an active sentence because the agent of the action in the sentence, *te ngeru* or *the cat*, is the focus, i.e., 'The *cat* killed the bird'. The second sentence is the passive one because the focus of the sentence shifts to *te manu* or *the bird*, who is not doing the action but is on the receiving end of it. This casts the bird into a passive role in the context of the sentence, which is why we call the sentence passive. The English translation of this sentence may help you analyse this concept, 'The *bird* was killed by the cat'. It does take a little while to get your head around passives so don't get too frustrated if it's not clear immediately.

Each ordinary verb has its own particular passive ending which will usually be one of the following:

-tia, -ria, -hia, -ngia, -na, -nga, -kia, -mia, -ina, -kina or -a

Sometimes dialect will determine which passive ending is attached to the end of each verb. Study the following examples, they will help you to understand the passive sentence structures. They are translated in a passive style so you can see who or what is the subject, and who or what is the agent, of the action. As I mentioned earlier, te reo Māori favours a passive sentence structure while English tends to favour an active sentence structure, so when translating a passive Māori sentence into English, I would generally recommend you use the active English structure. Okay, example time, take a look at these and don't forget, I have translated them in a passive style. Take note also of the tense markers and the negative form for each example:

Kei te kōhetengia a Mere e Rāwiri
Mere is being scolded by Rāwiri

Kāore a Mere i te kōhetengia e Rāwiri
Mere is not being scolded by Rāwiri

Kei te whakaohoa ngā tamariki e te kuia
The children are being woken up by the elderly lady

Kāore ngā tamariki i te whakaohoa e te kuia
The children are not being woken up by the elderly lady

E inumia ana te miraka e te kōtiro
The milk is being drunk by the girl

Kāore te miraka e inumia ana e te kōtiro
The milk is not being drunk by the girl

E karangahia ana te manuhiri e te wahine
The visitors are being called by the woman

Kāore ngā manuhiri e karangahia ana e te wahine
The visitors are not being called by the woman

I horoia ngā waka e Hare
The cars were washed by Harry

Kāore ngā waka i horoia e Hare
The cars were not washed by Harry

I kainga ngā āporo e te hōiho
The apples were eaten by the horse

Kāore ngā āporo i kainga e te hōiho
The apples were not eaten by the horse

Kua urutomokia te whare e ngā pirihimana
The house has been raided by the police

Kāore anō te whare kia urutomokia e ngā pirihimana
The house has not yet been raided by the police

Kua topea te rākau e rāua
The tree has been chopped down by them (two people)

Kāore anō te rākau kia topea e rāua
The tree has not yet been chopped down by them (two people)

Ka haukerekerehia rātou e mātou
They (three or more) will get dealt to by us (three or more)

Kāore rātou e haukerekerehia e mātou
They will not get dealt to by us

Ka tahitahia te papa e ngā whanaunga
The floor will be swept by the relations

Kāore te papa e tahitahia e ngā whanaunga
The floor will not be swept by the relations

Tūpou/Personal pronouns

The examples used so far have contained words like *koe, au, ia, tāua, rāua, māua, kōrua, tātou, rātou, mātou* and *koutou*. These words are called personal pronouns. Unlike the English language these words are not gender-specific. Another significant difference between the Māori pronouns and the English ones is the presence of dual pronouns, i.e., *tāua, rāua, māua* and *kōrua*. These do not exist in the English language.

Personal pronouns take a lot of time and focus to perfect, but don't let that put you off, I know you are a perfectionist who will want to get these correct. Accuracy when using personal pronouns can sometimes differentiate between someone who speaks good quality Māori and someone who needs to go back to school. So get plenty of practice! I have always found the following table helpful:

	Includes the speaker and listener(s)	Excludes the listener(s)	Excludes the speaker	Neither the speaker nor listener(s)
One person		au/ahau (I, me)	koe (you)	ia (he, she, him, her)
Two people	tāua (we, us, you and I)	māua (we, us, but not you)	kōrua (you two)	rāua (they, them)
Three or more people	tātou (we, us, including you)	mātou (we, us, but not you)	koutou (you)	rātou (they, them)

Source: John Moorfield, *Te Kākano*, Longman Paul, 1988.

You are going to use personal pronouns frequently, it's impossible not to, so study the table above and the following examples carefully so you become an accomplished user of them. In the first four sentences there are four variations of the English word *we* depending on which Māori pronoun is being used:

Kei te tākaro tāua?
Are we (you and I) playing?

Kei te tākaro māua?
Are we (her and I) playing?

Kei te tākaro tātou?
Are we (all of us, three or more) playing?

Kei te tākaro mātou?
Are we (all of us, three or more, but not you) playing?

Māori personal pronouns are a lot more definitive than English ones because they are more specific about who is being talked about. It's almost like you have to do a quick count up of how many people you are going to mention before you choose which pronoun to use. This is probably why Māori are such great mathematicians! But seriously, you have to be accurate with these, or you may unintentionally exclude someone, for example, you may say, 'Kei te haere mātou ki te ngahau' – 'We (us but not you) are going to the party' – which of course excludes the person being spoken to. You may have wanted to use *tātou* instead which would include the person being spoken to. So let's have a quick summary.

Use *au* or *ahau* for *I* or *me*:
He tuatangata ahau! — *I am a superhero!*

Use *koe* for *you*:
Kaua koe e kōrero pēnā — *Don't you talk like that*

Use *ia* for *he* or *she*:
Kei te tangi kurī ia — *He is crying for no reason at all*

Use *tāua* for *you and I*:
Me haere tāua ki te hoko kai. — *Let's (you and I) go and buy some food.*

Use *māua* for *us two but not you* (the listener):
Kua kite kē māua i tēnei kiriata — *We (him and I) have already seen this movie*

Use *kōrua* for *you two but not me* (the speaker):
Haere mai kōrua! — *Come here you two!*

Use *rāua* for *those two* (they, them):
Kei te hī ika rāua — *They (those two) are fishing*

Use *tātou* for *all of us* (three or more):
Me haere tātou ki te hoko kai. — *Let's (all of us) go and buy some food.*

Use *mātou* for *us (three or more) but not you* (the listener):
Kua kite kē mātou i tēnei kiriata — *We (us, three or more) have already seen this movie*

Use *koutou* for *you (three or more) but not me* (the speaker):
Haere mai koutou! — *Come here all of you! (three or more people)*

Use *rātou* for *they, them* (three or more):
Kei te hī ika rātou — *They (three or more) are fishing*

There will be times when you will want to use a person's name instead of a personal pronoun. If this is the case then *a* needs to be inserted before the name:

Kei te aha a Jeremy? — *What is Jeremy doing?*
I aha a Timotī? — *What did Timotī do?*
He wahine ātaahua a Stacey — *Stacey is a beautiful woman*
Kei te haere a Korohere ki te hui — *Korohere is going to the meeting*
E ako ana a Joshua i te reo Māori — *Joshua is learning to speak Māori*

Names can also be used alongside the dual and plural personal pronouns, but not usually with tāua. You will see that a *ko* is inserted before names that come after the pronoun:

Kua haere a Te Kara rāua ko Alex ki te hahau pōro	*Te Kara and Alex have gone to play golf*
Me tuhi pikitia māua ko George!	*George and I should draw a picture!*
Me peka mai kōrua ko Anthony ki tōku!	*You and Anthony should come to my house!*
Kei te haere a Justin rātou ko Aaron mā ki hea?	*Where are Justin, Aaron and the others going?*
I te aha koutou ko Mānia, ko Himiona i roto rā?	*What were you and Mānia and Himiona up to in there?*
Kāore mātou ko Shane, ko Tini i te rata!	*Shane, Tini and I do not approve!*

Pūriro/Possessives

The main function of possessives is to show who has control or possession over the object or person being spoken about. If I was talking about my pet dog, I would use the *a* form because I have control over my dog. *The dog is my pet!* Koia tāku kurī! However, if I was talking about my boss at work, I would use the *o* form because he or she is in a superior position to me, and therefore, to some extent, has control over what I do. *He or she is my boss!* Koia tōku rangatira! The following table lists the main possessives:

Singular		Plural		Translation
Ā	Ō	Ā	Ō	
tāna	tōna	āna	ōna	his, her/hers
tāku	tōku	āku	ōku	my/mine
tāu	tōu	āu	ōu	your/yours
tā tāua	tō tāua	ā tāua	ō tāua	our/ours (yours and mine)

Singular		Plural		Translation
Ā	Ō	Ā	Ō	
tā māua	tō māua	ā māua	ō māua	our/ours (her/his and mine)
tā kōrua	tō kōrua	ā kōrua	ō kōrua	your/yours (belonging to you two)
tā rāua	tō rāua	ā rāua	ō rāua	their/theirs (belonging to those two)
tā tātou	tō tātou	ā tātou	ō tātou	our/ours (belonging to all of us)
tā mātou	tō mātou	ā mātou	ō mātou	our/ours (belonging to us but not you)
tā koutou	tō koutou	ā koutou	ō koutou	your/yours (three or more)
tā rātou	tō rātou	ā rātou	ō rātou	their/theirs (three or more)

You may have already made a few observations about this table. Because you are so brilliant, you probably spotted that the singular possessives are special words created to show what the relationship is like between the individual and what is possessed. The dual and plural possessives perform the same function but precede the dual and plural personal pronouns that we discussed earlier on in this chapter. You will have also noticed that when the *t* is present it means only one object or person is being spoken about; if it has been omitted, there is more than one. You will find many examples of these possessives littered throughout the pages of this book, but here are a few for you to analyse now:

He kaiako tāna tama
His son is a teacher

Kua koroua tōna papa
Her father has aged

Kei hea āna tamariki?
Where are his children?

Kei te horoi ia i ōna kākahu
She is washing her clothes

Anei tāku pene
Here's my pen

He pango tōku waka ināianei
My car is black now

I whati tētahi o āku rākau hau pōro!
One of my golf clubs snapped!

Kei te ora tonu ōku mātua
My parents are still alive

He kawe reo tāu, e hoa?
Do you have a cellphone, my friend?

Kei roto tōu pōtae i tāku pēke
Your hat is in my bag

He ātaahua āu tā pikitia
Your paintings are beautiful

Ko wai ōu tuākana?
Who are your older siblings?

Kua pau tā tāua parehe!
Our pizza is all gone!

Kei te riri tō tāua rangatira
Our boss is angry

Whiua atu ā tāua parāoa ki ngā rakiraki
Throw our bread to the ducks

E hia ō tāua whare ināianei?
How many houses do we have now?

Kua mutu tā māua mahi
Our work has ended

Kua tae mai tō māua hoa
Our friend has arrived

Kāore ā māua moni
We have no money

Kāore ō māua whanaunga i konei
Our relations are not here

Kotahi tā kōrua kurī?
Do you have one dog?

I te pekepeke tō kōrua waka rererangi
Your plane was jumping around

E toru ā kōrua kurī?
Do you have three dogs?

E noho ki ō kōrua tūru!
Sit down on your chairs!

He pai tā rāua tākaro ataata hou!
Their new video game is awesome!

Kua mate tō rāua kuia
Their grandmother has passed away

Ko Miriama, ko Rex, ko Tai ā rāua tamariki
Miriama, Rex and Tai are their children

Kei tawhiti ō rāua marae
Their marae are far away

Kua tāwekoweko tā tātou kete
Our basket has become frayed

Kei te amuamu tō tātou Tumuaki
Our Principal is moaning

Whakamoea ā tātou tohe
Put our differences aside

E hia ō tātou waka kari whenua ināianei?
How many diggers do we have now?

Kua tīmata tā mātou whakataetae
Our competition has started

Kei te peita rātou i tō mātou whare
They are painting our house

Kua oma atu ā mātou kurī
Our dogs have run away

Kāore ō mātou paraikete i konei
Our blankets are not here

He aha tā kōutou mahi?
What are you doing?

E mārama ana au ki tō kōutou mamae
I understand your pain

He tueke ā koutou?
Do you have any suitcases?

Nō Tāmaki Makaurau ō koutou tūpuna, nē?
Your ancestors are from Auckland, aren't they?

He rawe tā rātou māra hou!
Their new garden is fantastic!

I hea tō rātou taraka?
Where was their truck?

Ko James mā ā rātou irāmutu
James and the others are their nieces and nephews

Nōnahea ō rātōu kākahu i tae mai ai?
When did their clothes get here?

ā and ō categories

If you thought personal pronouns and possessives were difficult, working out the *ā* and *ō* categories is going to make your head spin! It's acknowledged as one of the most perplexing and sometimes confusing aspects of the language. However, just like personal pronouns, the *ā* and *ō* categories occur frequently and therefore have to be learnt and mastered. Circumstances, relationships and perception will determine whether the *ā* or the *ō* will apply to your sentence. This is a basic list of what belongs in the *ā* category and what belongs in the *ō* category, but it's by no means exhaustive:

ā

Food and drink
e.g. Kei hea ā tātou kai? *Where is our food?*

Animals and pets
e.g. He ngeru tā rātou mōkai *Their pet is a cat*

Spouse
e.g. Ko Wiremu tāna tāne *Wiremu is her husband*

Children
e.g. Tokowhā āku tamariki *I have four children*

Grandchildren/nieces/nephews
e.g. Nāku tērā mokopuna *That's my grandchild over there*

Movable property
e.g. Kei te kura āku pukapuka *My books are at school*

Workers

e.g. I tōmuri ngā kaimahi ā Heta *Heta's workers were late this morning*
i te ata nei

Ō

Relatives

e.g. Kei konei ōku tuākana *My elder siblings are here*

Names

e.g. Ko Te Manahau tōku ingoa *My name is Te Manahau*

Transport

e.g. Nōku tērā waka moana *That's my boat over there*

Buildings

e.g. Me hoki ki tō tātou whare. *Let's go back to our place.*

Parts of anything

e.g. He roa ōna ringaringa! *His arms are long!*

Feelings

e.g. Tē taea tō mātou pōuri te tāpore *It is impossible to suppress our sorrow*

Clothing

e.g. Me kuhu i ō koutou kākahu *Put on your warm clothes!*
mahana!

Qualities

e.g. Ka nui hoki tō kōrua pai ki *You two are awesome at this game!*
tēnei tākaro

Bedding and seating

e.g. Ka haere tahi māua ko tōku *My pillow and I go everywhere together*
aupuru ki ngā wāhi katoa

Superiors

e.g. Koia tō tātou Pirimia *He is our Prime Minister*

Here is another way of indicating possession using the words *mō* and *mā*, which loosely translate to *for* in English. The reason why I have chosen to introduce these words in this section is because they are governed by the *ā* and *ō* grammar rules, so, kei te patu i ngā manu e rua ki te kōhatu kotahi, nē, I'm killing two birds with one stone, as they say!

He kai tēnei mā te whānau o Rereti
This food is for Rereti's family

Mā ngā kau te mauti maroke nei
This hay is for the cows

Ko tēnei te taputapu tākaro hou mā Taiwere
This is the new toy for Taiwere

E tunu keke ana a Jason mā tātou
Jason is baking a cake for us

Mahia he korarā mā māua
Make us a Milo please

Māu tērā kete
That kete is for you

Māna tēnā pukapuka
That book is for him/her

Kei konei ia hei kaimahi mā te hapū
She is here to work for the tribe

He mahi tēnei mā ngā tamariki katoa
This is a job for all the kids

I kohi moni ia mā ngā rawakore
She collected money for the poor

He aha te utu mō te tautara nā?
How much for that fishing rod?

Ko tēnei te kahukiwi mō Pētara
This is the kiwi-feather cloak for Pētara

Mō Hauata ngā paraikete kei roto i te whata rā
The blankets in that wardrobe over there are for Hauata

Ko wai hei hoa haere mōu?
Who is going with you as a mate?

Mōku tērā tarakihana
That tractor is for me

Mōu tērā whare, mōna tērā atu
That house over there is yours, and the other one is his

I kohia ngā hua rākau hei oranga mō tātou
The fruit was collected as sustenance for us all

E hoko kākahu hou ana ia mō tāna tamāhine
She is buying new clothes for her daughter

Ka hangaia e mātou he whare hou mō rātou
We will build a new house for them

Mōna tērā ingoa tupuna
That ancestral name is for her

Te whānau/The family

Good time to introduce you to the whānau unit now! The terminology to describe relationships among family members can be complicated. Once again, you will need to work hard to gain a solid understanding of how they work. The main difficulty is that there are words that are gender-specific. Let's start from the grandparents and work our way down to the grandchildren. There are many different words you could use in some cases. I shall provide you with one common term for each member of the family, so you don't get confused:

Koroua	*Grandfather*
Kuia	*Grandmother*
Pāpā	*Father*
Māmā	*Mother*
Mātua	*Parents*

These next terms are gender-specific, so read the explanations carefully:

Tuakana	*Older brother of a male only or older sister of a female only*
Teina	*Younger brother of a male only or younger sister of a female only*
Tungāne	*Brother of a female*
Tuahine	*Sister of a male*
Taokete	*Brother-in-law of a male only or sister-in-law of a female only*
Autāne	*Brother-in-law of a female*
Auwahine	*Sister-in-law of a male*

And the rest are fairly standard:

Tama	*Son*
Tamāhine	*Daughter*
Tamaiti	*Child*
Tamariki	*Children*
Mokopuna, moko	*Grandchildren*
Hungarei/Hungawai	*Mother-in-law/Father-in-law (interchangeable)*
Hunaonga	*Daughter-in-law/Son-in-law (interchangeable)*

Karangatahi	*First cousin*
Karangarua	*Second cousin*
Whanaunga	*Relation*

Study the table and the phrases below to help you comprehend the terminology you will use when talking about your family members:

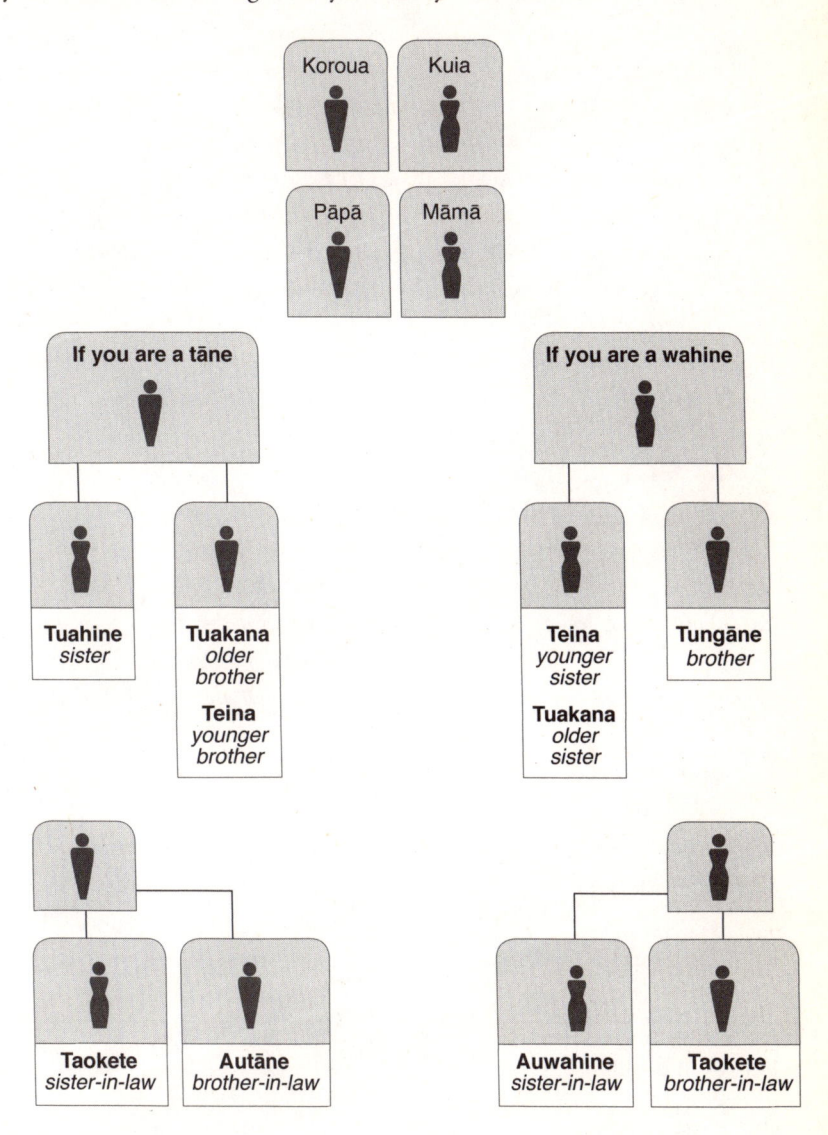

Koroua / Kuia
Pāpā / Māmā

If you are a tāne:

- **Tuahine** — *sister*
- **Tuakana** — *older brother*
- **Teina** — *younger brother*

If you are a wahine:

- **Teina** — *younger sister*
- **Tungāne** — *brother*
- **Tuakana** — *older sister*

If you are a tāne (in-laws):

- **Taokete** — *sister-in-law*
- **Autāne** — *brother-in-law*

If you are a wahine (in-laws):

- **Auwahine** — *sister-in-law*
- **Taokete** — *brother-in-law*

I want you take note of a couple of things as you read through the next lot of examples. Firstly, take note of the *ā* and *ō* category words selected to illustrate the relationship and status between each family member. Secondly, observe what happens when *tuakana* and *tuahine* are used in plural form. A macron appears on the first *a* of each term to indicate more than one person is being spoken about:

Kei korā tōku koroua	My grandfather is over there
Ko Tanira te ingoa o tōku kuia	Tanira is my grandmother's name
Kua haere tō rātou pāpā ki tāwāhi	Their father has gone overseas
Kei te mokemoke tōna māmā ki a ia	Her mother misses him
Ko Riki te tuakana o Bruce	Riki is Bruce's older brother
Ko Andrea te tuakana o Moana	Andrea is Moana's older sister
Ko Mark, ko Terry ōku tuākana	Mark and Terry are my older brothers (speaker is male)
Ko Alice, ko Mary, ko June ōku tuākana	Alice, Mary and June are my older sisters (speaker is female)
Ko George te teina o Barry	George is Barry's younger brother
Ko Rīpeka te teina o Karyn	Rīpeka is Karyn's younger sister
Ko Mike ahau, tokowhā ōku teina	I'm Mike and I have four younger brothers (Mike is male)
Ko Juliet rāua ko Jessica ōku teina	Juliet and Jessica are my younger sisters (speaker is female)
Engari Tania, ko koe tāku tuahine!	But Tania, you are my sister! (speaker is male)
Hōhā au i ōku tuāhine.	I've had enough of my sisters. (speaker is male)
Ko Scotty tōku tungāne	Scotty is my brother (speaker is female)
Ko Pāora taku taokete	Pāora is my brother-in-law (speaker is male)
Ko Ashley rāua ko Nicole aku taokete	Ashley and Nicole are my sisters-in-law (speaker is female)
Kei hea tō autāne, Fiona?	Where is your brother-in-law, Fiona?
Kei hea tō auwahine, Harvey?	Where is your sister-in-law, Harvey?
Ko Angela taku auwahine	Angela is my sister-in-law (speaker is male)

Tokomaha aku autāne	*I have heaps of brothers-in-law (speaker is female)*
Kei te aha ō tama haututū i te rā nei?	*What are those mischievous sons of yours up to today?*
Kātahi anō tāku tamāhine hou ka whānau mai	*My new daughter has just been born*
Me kōrero Māori koe ki ō tamariki	*You should speak Māori to your children*
Tiakina āu mokopuna, kei hē!	*Look after your grandchildren, in case they do wrong!*
He whakaputa mōhio taku hungarei!	*My mother-in-law/father-in-law is a know-it-all!*
Kāore au i te rata ki taku hunaonga	*I don't like my daughter-in-law/son-in-law*
Kei te haere tahi rātou ko ōna karangatahi	*He is going with his first cousins*
He aha kōrua ko tō karangarua i whawhai ai?	*Why did you and your second cousin fight?*
Ehara māua i te whanaunga!	*We're not related!*

Ngā whakahau/Giving orders

We all like to be bossy every now and then! Here are some examples of how to order someone around. The particle *E* is used when the command word has either one long or two short vowels:

E tū!	*Stand up!*
E noho!	*Sit down!*
E moe!	*Sleep!*
E oho!	*Wake up!*
E oma!	*Run!*
E karo!	*Dodge!*
E inu!	*Drink up!*
E kai!	*Eat up!*

So, what do we do if the command word has more than two vowels? Pretty simple e hoa mā, drop the *E*:

Titiro mai!	*Look here!*
Titiro atu!	*Look over there!*

Titiro ki te karoro!	*Look at the seagull!*
Haere mai!	*Come here!*
Haere atu!	*Go away!*
Haere!	*Go!*
Maranga!	*Get up!*
Whakarongo!	*Listen!*
Hoihoi!	*Be quiet! It's noisy!*
Takoto!	*Lie down!*
Tīraha!	*Lie on your back!*
Tāpapa!	*Lie face down!*
Taihoa!	*Wait on!*
Pātai ki a ia!	*Ask him/her!*
Whakarongo ki tēnei waiata!	*Listen to this song!*

The following commands contain words known as *statives*. They encourage the person on the receiving end to achieve a particular state or condition, hence the term stative. Notice that *Kia* is used in front of stative words to impart the command:

Kia kaha!	*Be strong!*
Kia toa!	*Be determined!*
Kia manawanui!	*Be steadfast!*
Kia tūpato!	*Be careful!*
Kia hakune!	*Be deliberate!*
Kia mataara!	*Be alert!*
Kia tere!	*Be quick!*
Kia tau!	*Be settled!/Settle down!*

If you want to mention the action as well as the way in which it should achieved, use *te* or one of the possessives such as *tā koutou*:

Kia kaha te kōrero!	*Speak with authority!*
Kia kaha te mahi!	*Work hard!*
Kia tere te hoki mai!	*Return immediately!*
Kia tere te oma!	*Run fast!*
Kia tūpato te haere!	*Go carefully!*
Kia tūpato te kawe!	*Carry it carefully!*
Kia tika tā koutou whakapai moenga!	*You must make your beds properly!*
Kia tika tā kōrua tuhituhi!	*You (two) must write correctly!*

The final way of issuing an order or command is to use a passive ending:

Unuhia ō hū!	*Take off your shoes!*
Katia te kūaha!	*Close the door!*
Huakina te matapihi!	*Open the window!*
Kainga ō tōhi!	*Eat your toast!*
Tikina mai te māripi rā!	*Fetch me that knife over there!*
Inumia tō waireka!	*Drink your cordial!*
Tirohia ēnei whakaahua!	*Look at these photos!*
Tāria te wā!	*Bide your time!/Be patient!*
Whāia te mātauranga!	*Pursue knowledge!*
Puritia taku ringa!	*Hold my hand!*
Whakarerea ia!	*Leave him!*
Haria ngā rīwai ki te marae!	*Take the potatoes to the marae!*
Tahia te papa!	*Sweep the floor!*
Katia tō waha!	*Shut your mouth!*
Whakapaitia tō moenga!	*Make your bed!*
Tangohia tō pōtae!	*Take your hat off!*
Hopukina te pōro!	*Catch the ball!*
Patua te rango!	*Kill the fly!*

If you want to say not to do something, use the negative form *Kaua e . . .*

Kaua e titiro mai!	*Don't look here!*
Kaua e titiro atu!	*Don't look over there!*
Kaua e haere mai!	*Don't come here!*
Kaua e haere atu!	*Don't go away!*
Kaua e haere!	*Don't go!*
Kaua e maranga!	*Don't get up!*
Kaua e whakarongo!	*Don't listen!*
Kaua e hoihoi!	*Don't be noisy!*
Kaua e tatari!	*Don't wait!*
Kaua e pātai ki a ia!	*Don't ask him/her!*
Kaua e whakarongo ki tēnei waiata!	*Don't listen to this song!*
Kaua e titiro ki te karoro!	*Don't look at the seagull!*

How was that? Pretty straightforward? You are merely placing the *Kaua e . . .* in front of the command. Quite good to do something a bit easier after getting your brain bashed around trying to figure out *ā* and *ō* categories, pronouns and possessives! If you think that last lot was easy, check these ones out:

Grammar 47

Kaua e tū!	*Don't stand up!*
Kaua e noho!	*Don't sit down!*
Kaua e moe!	*Don't sleep!*
Kaua e oho!	*Don't wake up!*
Kaua e oma!	*Don't run!*
Kaua e karo!	*Don't dodge!*
Kaua e inu!	*Don't drink!*
Kaua e kai!	*Don't eat!*

Okay, hang on a minute. It can't be this simple when negating the commands that use a passive ending, surely? E hoa, just carry on doing what you are doing, putting *Kaua e . . .* in front will work the majority of the time; but again I need to remind you, it's not the only way to negate sentences:

Kaua e unuhia ō hū!	*Don't take off your shoes!*
Kaua e katia te kūaha!	*Don't close the door!*
Kaua e huakina te matapihi!	*Don't open the window!*
Kaua e kainga ō tōhi!	*Don't eat your toast!*
Kaua e tikina mai te māripi rā!	*Don't fetch me that knife over there!*
Kaua e inumia tō waireka!	*Don't drink your cordial!*
Kaua e tirohia ēnei whakaahua!	*Don't look at these photos!*
Kaua e whāia te mātauranga!	*Don't pursue knowledge!*
Kaua e puritia taku ringa!	*Don't hold my hand!*
Kaua e haria ngā rīwai ki te marae!	*Don't take the potatoes to the marae!*
Kaua e tahia te papa!	*Don't sweep the floor!*
Kaua e katia tō waha!	*Don't shut your mouth!*
Kaua e whakapaitia tō moenga!	*Don't make your bed!*
Kaua e tangohia tō pōtae!	*Don't take your hat off!*
Kaua e hopukina te pōro!	*Don't catch the ball!*
Kaua e patua te rango!	*Don't kill the fly!*

Mā wai e mahi?/Who will do it?

This is a future-tense question to find out who or what will do the action. The combination of the particles *Mā* and *e* form the basic structure of the sentence. Study the following chart and examples carefully:

	Includes the speaker and listener(s)	Excludes the listener(s)	Excludes the speaker	Neither the speaker nor listener(s)
One person		māku (I will)	māu (you will)	māna (he/she will)
Two people	mā tāua (we will, you and I will)	mā māua (we will, he/she and I will)	mā kōrua (you two will)	mā rāua (they will)
Three or more people	mā tātou (we all will)	mā mātou (we will, they and I will)	mā koutou (you will)	mā rātou (they will)

Source: John Moorfield, *Te Kākano*, Longman Paul, 1988.

Mā wai ngā kūtai e huaki?	*Who will shell the mussels?*
Mā wai ahau e whakahoki ki Rotorua?	*Who will take me back to Rotorua?*
Mā wai tēnei mahi e mahi?	*Who will do this job?*
Mā wai rāua e tiaki?	*Who will look after them?*
Mā wai tāua e hari ki reira?	*Who will take us there?*
Māku ngā kūtai e huaki	*I will shell the mussels*
Mā mātou koe e whakahoki ki Rotorua	*We will take you back to Rotorua*
Mā tātou tēnei mahi e mahi	*We all will do this job*
Māna rāua e tiaki	*He/She will look after them*
Māu tāua e hari ki reira	*You will take us there*

The *Nā . . . i* pattern is the past equivalent of the *Mā . . . e* pattern, so if you want to ask who performed a particular action then you say, 'Nā wai i mahi?' – 'Who did it?' Let's use the above examples again, but put them into past tense using *Nā . . . i*:

Nā wai ngā kūtai i huaki?	*Who shelled the mussels?*
Nā wai ahau i whakahoki ki Rotorua?	*Who took me back to Rotorua?*
Nā wai tēnei mahi i mahi?	*Who did this job?*
Nā wai rāua i tiaki?	*Who looked after them?*
Nā wai tāua i hari ki reira?	*Who took us there?*

Nāku ngā kūtai i huaki	*I shelled the mussels*
Nā mātou koe i whakahoki ki Rotorua	*We took you back to Rotorua*
Nā tātou tēnei mahi i mahi	*We all did this job*
Nāna rāua i tiaki	*He/She looked after them*
Nāu tāua i hari ki reira	*You took us there*

Kupu wāhi/Locative words

To ask where the location of something or someone is, use the question word *hea*. If you want to know where the person or object is or where it will be, use *Kei hea...* and if you want to ask where it was, use *I hea...*

Kei hea tāku ine?	*Where is my ruler?*
Kei hea tō tāua hoa?	*Where is our friend?*
Kei hea koe?	*Where are you?*
Kei hea rātou ā tērā wiki?	*Where will they be next week?*
Kei hea te ngahere?	*Where is the forest?*
Kei hea te moana?	*Where is the sea?*
I hea tāu wahine inapō?	*Where was your girlfriend last night?*
I hea koe?	*Where were you?*
I hea tā tātou pouaka whakaata?	*Where was our television?*
I hea tō rōpū?	*Where was your group?*
I hea te rākau poiuka nei?	*Where was this softball bat?*
I hea tō māmā i te whitu karaka?	*Where was your mother at seven o'clock?*

There are a small group of words that you should learn now that will be valuable to you when you come to answer these types of questions:

runga	*above or on top*
raro	*below or under*
waho	*outside*
roto	*inside*
mua	*in front of*
muri	*behind*

Let's put some of these words into practice now and answer some *Where...?* questions. Take note of the word order and how the *i* sits in front of the secondary location:

Kei hea tōku korowai?	*Where is my cloak?*

Kei roto tō korowai i te whata kākahu	Your cloak is in the wardrobe
Kei hea tō tātou kaiwhakaora?	Where is our saviour?
Kei runga i te rangi	Up in heaven
Kei hea rātou ā tērā wiki?	Where will they be next week?
Kei waho rātou i a Rotorua e mahi ana	They will be on the outskirts of Rotorua working
Kei hea te whare hākinakina?	Where is the gym?
Kei te huarahi o Linton	On Linton Street
I hea tāu wahine inapō?	Where was your girlfriend last night?
I te kāinga e moe ana	At home sleeping
I hea koe?	Where were you?
I tō taha ahau!	I was with you!
I hea ā tāua inu?	Where were our drinks?
I raro i te tēpu	Under the table
I hea a Mere mā?	Where were Mere and the others?
I mua a Mere mā i te whare e tatari ana	Mere and the others were waiting in front of the house
I hea te tīpao nei?	Where was this putter?
I muri te tīpao nei i te hāneanea	This putter was behind the sofa
I hea anō tāku ngeru?	Where was my cat again?
I runga tō ngeru i te rākau	Your cat was up in the tree

To say something isn't in a particular location, *kāore . . . i . . .* is used for both past and present tense sentences. Take a look at these two examples:

Kei runga te manu i te tuanui o te whare	The bird is on the roof of the house
Kāore te manu i runga i te tuanui o te whare	The bird is not on the roof of the house
I runga te manu i te tuanaui o te whare	The bird was on the roof of the house
Kāore te manu i runga i te tuanui o te whare	The bird was not on the roof of the house

Okay, formula time! To negate a location sentence and say something or someone is not in a particular place, follow these steps:

Step 1: Adjust the sentence from its original form . . .
Kei runga te manu i te tuanui o te whare
. . . to this (you are swapping *te manu* and *kei runga*)
. . . **te manu kei runga i te tuanui o te whare**

Step 2: Place your negative word *(kāore)* at the very start of the sentence so you end up with this:
Kāore te manu kei runga i te tuanui o te whare

Step 3: The sentence in Step 2 is still grammatically wrong, so the last thing you need to do is to change the *kei* to *i*:
Kāore te manu i runga i te tuanui o te whare
The bird was/is not on the roof of the house

Have a go at negating some of the location phrases above!

Now, another way of using *kei* is to show who is currently in possession of something. However, it does not necessarily mean that they own what they are in possession of. Have a look at these examples:

Kei a wai ōku tarau?	*Who has got my pants?*
Kei a Tracey ō tarau	*Tracey has got your pants*
Kei a wai ōku hū omaoma?	*Who has got my running shoes?*
Kei āu tamariki ōu hū omaoma	*Your children have got them*
Kei a wai ngā whakairo mō te whare?	*Who has got the carvings for the house?*
Kei a rātou	*They have got them*

I can be used in the same way to ask who was in possession of something:

I a wai ōku tōkena?	*Who had my socks?*
I a Piri ōu tōkena	*Piri had your socks*
I a koe ōku kākahu hākinakina?	*Did you have my sports gear?*
Kāo, i a Roberta mā kē ōu kākahu hākinakina!	*No, Roberta and the others had your sports gear!*
I a wai ā rātou āporo?	*Who had their apples?*
I te hōiho	*The horse did*

And of course, the negative version of these sentences:

Kei a koe tā tātou maheni?	*Have you got our magazine?*
Kāore tā tātou maheni i a koe?	*Haven't you got our magazine?*
I a koe taku honae, nē?	*You had my wallet, didn't you?*
Kāore taku honae i a koe, nē?	*You didn't have my wallet, did you?*
Kei a Billy ōku mōhiti	*Billy has my glasses*
Kāore ōku mōhiti i a Billy	*Billy does not have my glasses*

And just in case you require a formula for these:

Step 1: Adjust the sentence from its original form . . .
Kei a koe tā tātou maheni?
. . . to this (you are swapping the *tā tātou maheni* and *Kei a koe*)
. . . tā tātou maheni kei a koe?

Step 2: Place your negative word *(Kāore)* at the very start of the sentence so you end up with this:
Kāore tā tātou maheni kei a koe?

Step 3: The sentence in Step 2 is still grammatically wrong, so the last thing you need to do is to change the *kei* to *i*:
Kāore tā tātou maheni i a koe?   *Haven't you got our magazine?*

These are getting quite formulaic, don't you think? Ahem . . . excuse me, just having a bit of a joke with myself there, although I'm sure I heard a bit of a katakata coming from your direction! Okay, three words I want to introduce you to now that can also indicate the location of an object or a person. The words are *tēnei*, *tēnā* and *tērā*, and they are quite often linked with the question *He aha . . . ?* or *What is it?*

Tēnei means that which is by the speaker
Tēnā means that which is by the listener
Tērā means that which is away from both the speaker and the listener

Here's a tip to help you to answer *He aha . . . ?* questions. If *tēnei* is in the question, *tēnā* is in the answer. If *tēnā* is in the question, *tēnei* is in the answer. And if *tērā* is in the question, *tērā* is in the answer:

He aha tēnei?	*What is this (by me)?*
He makimaki tēnā	*That (by you) is a monkey*
He aha tēnā?	*What is that (by you)?*
He tāmure tēnei	*This (by me) is a snapper*
He aha tērā?	*What is that (over there)?*
He kererū tērā	*That (over there) is a pigeon*

Just like in some of the previous sentences we have studied, if you drop the *t* off these words, you have the plural form of the word:

He aha ēnei?	*What are these things (by me)?*
He kumi ēnā	*Those things (by you) are crocodiles*
He aha ēnā momo inu?	*What are those types of drinks (by you)?*
He pia nō tāwāhi ēnei momo inu	*These drinks (by me) are foreign beers*
He aha ērā kararehe?	*What are those animals (over there)?*
He taika ērā kararehe	*Those animals (over there) are tigers*

The words *tēnei*, *tēnā* and *tērā* and their plural brothers are also good friends with the particle *ko*. You will notice in the following examples that the singular form of these words can be split in half to sit on either side of the noun. The macron on the *tē* drops off during this usage:

Ko Jeremiah tēnei	*This is Jeremiah*
Ko wai tērā?	*Who is that over there?*
Ko te tuahine o Richard tērā	*That's Richard's sister*
Ko Helen tēnei kōtiro	*This young girl is Helen*
Ko Helen te kōtiro nei	*This young girl is Helen*
Ko te tama a Karl tēnā?	*Is that Karl's son (by you)?*
Āe, ko te tama a Karl tēnei	*Yes, this is Karl's son (by me)*
Ko tāku wahine tēnei	*This is my wife*
Ko tōu waka hou tērā?	*Is that (over there) your new car?*
Ko Terry te ingoa o te pokokōhua nā	*Terry is the name of that egghead over there*
Ko wai te ingoa o te koroua rā?	*What's the name of that elderly gentleman over there?*

To conclude our perusal through locatives here are four final words to learn: *ake*, *iho*, *mai* and *atu*.

Ake indicates an upwards direction.
Iho indicates a downwards direction.
Mai indicates a direction towards the speaker.
Atu indicates a direction away from the speaker.

You have already been exposed to these direction indicators in previous pages but here are some more examples to help you understand their use. Directional indicators always follow verbs and are always in relation to the speaker. The first four are commands. Take note that when a direction indicator is used the *E* is omitted from the front of the command:

Kuhu mai!	Come in!
Hoki mai!	Come back (to me)!
Heke iho!	Get down!
Tū mai!	Stand up (facing me)!
Kei te piki ake ia i te rākau	She is climbing up the tree
Kua heke iho ia i tana tūranga	He has stepped down from his position
E haere mai ana rātou ki tōku whare	They are coming to my house
I wehe atu te whānau ki tāwāhi	The family departed overseas
Ka whakatū ake i te pou haki āpōpō	The flagpole will be erected tomorrow
Māna te rākau e turaki iho	He will cut down the tree
Nāna te kai nei i kawe mai	She brought this food here
Me kōrero atu koe ki tō pāpā	You should talk to your father

He whakaatu i te āhua/Descriptive sentences

The Māori sentence structure for describing things is again quite different to English ones. Probably the major difference to point out at this time is that te reo Māori follows a *noun + adjective* structure, while English follows an *adjective + noun* structure. So if the noun was *tāne* or *man* and the adjective was *nui* or *big*, the Māori phrase would be *tāne nui*, but the English structure would be *big man*. Descriptive sentences are introduced by the particle *He* and usually will end with the subject or a possessive:

He wāhine rerehua ia	She is a beautiful woman
He whare teitei tērā	That house (over there) is very tall
He waka pango tōna	He has a black car
He kōtiro tūpore tāna tamāhine	Her daughter is a very caring girl
He tāne pukukino ia	He is a grumpy man
He rākau māmore tēnei	This is a leafless tree
He huarahi kōpikopiko tēnei	This is a winding road

He tama haututū rātou	They are mischievous boys
He kai hīmoemoe ērā	That food is quite sour
He pererua nui tōna	He has a huge yacht
He tangata harikoa kōrua	You two are very happy-go-lucky
He kapa koretake mātou	We are a useless team
He rangi wera tēnei	This is a hot day
He waewae tere ōna	She has got fast legs
He kuia mātau ia	She is a very knowledgeable old lady
He kaitākaro wheke kurī ia	He is a hot-headed player
He kaihautū pai ia	She is a good driver
He iwi hūmarie tātou	We are a humble people
He ika haunga tēnā	That (by you) is a smelly fish
He puku mōmona tōu	You have a fat stomach

He can also be used with an adjective to describe what a person is like at performing a particular activity:

He pai ia ki te tākaro whutupōro	He is a good rugby player
He toa ia ki te tunu kai	He is a magnificent cook
He tau rāua ki te kanikani	Those two are awesome dancers
He tohunga mātou ki te hanga waka	We are expert canoe builders
He pōturi a Para ki te oma	Para is a slow runner
He ninipa tō kapa ki te hopu pōro	Your team has no ball-catching skills
He tere ia ki te oma	He is a fast runner
He kino koutou ki te manaaki manuhiri	You are terrible at hosting visitors
He kakama tērā iwi ki te pūtaiao	That tribe are very astute scientists
He rawe au ki te waruwaru kūmara	I am great at peeling kūmara

Kupu whakakaha/Intensifiers

If you place *tino* before a word it intensifies the meaning of that word. Another intensifier, *rawa atu*, can be positioned after a word to perform the same function. Using both intensifiers on either side of the word really takes it to another level.

He nui!	It's big!
He tino nui!	It's very big!
He tino nui rawa atu!	It's absolutely huge!

He ātaahua koe!	*You are beautiful!*
He tino ātaahua koe!	*You are very beautiful!*
He tino ātaahua rawa atu koe!	*You are absolutely stunning!*
He wera tērā!	*That's hot!*
He tino wera tērā!	*That's very hot!*
He tino wera rawa atu	*That's absolutely boiling hot*
He reka tēnei kai	*This food is nice*
He tino reka tēnei kai!	*This food is very nice!*
He tino reka rawa atu tēnei kai!	*This food is absolutely delicious!*
Kei te pai ahau	*I am good*
Kei te tino pai ahau!	*I am really good!*
Kei te tino pai rawa atu au!	*I am absolutely fantastic!*
I kohete ia i a mātou	*He scolded us*
I tino kohete ia i a mātou!	*He really scolded us!*
I tino kohete rawa atu ia i a mātou!	*He absolutely tore us to shreds!*
I rawe te rōpū waiata!	*The band was excellent!*
I tino rawe te rōpū waiata!	*The band was really excellent!*
I tino rawe rawa atu te rōpū waiata!	*The band was out of this world!*
Kua toa rātou	*They have won*
Kua tino toa rātou!	*They have won well!*
Kua tino toa rawa atu rātou!	*They have won convincingly!*

7. Key questions and statements

This section is focused on the key questions you need to know to be able to get what you need or to elicit the information you require.

Ko wai?	Who?
Kei hea?	Where?
Āhea?	When? (future)
Nōnahea?	When? (past)
Pēhea?	How?
He pēhea te . . . ?	How is the . . . ?
I pēhea te . . . ?	How was the . . . ?
E hia?	How many (are there)?
Kia hia?	How many (do you want)?
E hia te utu?	How much does it cost?
E hia te roa?	How long?
E hia te tawhiti?	How far?
He aha?	What?
He aha tēnei?	What's this?
He aha ēnei?	What are these?
He aha tēnā?	What is that (by you)?
He aha ēnā?	What are those (by you)?
He aha tērā?	What is that (over there)?
He aha ērā?	What are those (over there)?
He aha tō hiahia?	What do you want?
He aha te kupu Māori mō . . . ?	What is the Māori word for . . . ?
He aha te whakamārama mō tērā kupu?	What is the meaning of that word?
Me aha au?	What must I do?
He . . . tāu?	Do you have a . . . ? (ā category item (singular) – see grammar section for explanation)
He . . . tōu?	Do you have a . . . ? (ō category item (singular) – see grammar section for explanation)
He . . . āu?	Do you have a . . . ? (ā category item (plural) – see grammar section for explanation)

He . . . ōu?	Do you have a . . . ? (ō category item (plural) – see grammar section for explanation)
He . . . kei konei?	Is there a . . . around here?
He aha ai?	Why?
He aha i pēnei ai?	Why is it like this?
He aha i pēnā ai?	Why is it like that?
Kua kite koe i . . . ?	Have you seen . . . ?
Me pēhea taku kimi i . . . ?	How do I find . . . ?
Homai koa he . . . ?	May I have . . . ?
E hiahia ana au ki . . .	I want/should like . . .
Kāore au e hiahia ana ki . . .	I don't want . . .
He aha te mate?	What's the matter?
Āwhina mai koe?	Can you help me please?
Kei te pīrangi āwhina koe?	Do you need some help?

The following statements will be useful to know as you converse with a Māori language speaker:

Kāore i a au	I don't have it
Kei a . . .	. . . has/have it
Kei te rata au ki tēnā	I like that
Kei te pai tēnā	Okay/That's fine
Kei te ngaro au	I am lost
Kei te pīrangi āwhina au	I need some help please
Kei te kimi māua/mātou i . . .	We (two/three or more) are looking for . . .
Anei!	Here it is!
Arā ia!	There he/she is!
Arā rāua!	There they (two) are!
Arā rātou!	There they (three or more) are!
He mea nui!	It's important!
He kōhukihuki!	It's urgent!
He kupu kōhukihuki	An urgent message
Kei te hē tāu kōrero!	What you are saying is wrong!
Kei te hē koe!	You are mistaken!
Kei te hē tō mahi!	What you are doing is wrong!
Kei te hiamoe au	I'm tired
Kei te whāwhai au	I'm in a hurry

Kua rite au!	I'm ready!
Kei te hiakai au	I'm hungry
Kei te hiainu au	I'm thirsty
Taku mōhio, āe	I think so
Mōhio au	I know
Aua	I don't know
Kāore au i te mōhio	I don't know
Kāore au i mōhio	I didn't know
Waiho au!	Leave me alone!
Taihoa!	Wait a minute!
Nui rawa te utu!	It's too expensive!
Pai te utu!	It's a good price!
Māmā te utu!	It's cheap!
Mā konei	This way
Mā konā	That way (by you)
Mā korā	That way (over there)
E noho!	Take a seat
Kuhu mai!	Come in!
Koinā noa iho	That's all
Kei hea te wharepaku?	Where is the toilet?
Homai te . . .	Pass the . . . (singular)
Homai ngā . . .	Pass the . . . (plural)

Here is a list of some of the most common questions asked by the general public about the Māori language. I have included this list, along with my responses, as you may have similar questions.

What does 'Kia ora!' mean?

'Kia ora!' means 'Hello!' or 'Thank you!' 'Kia ora' also has further uses, in particular as an acknowledgement.

What does 'whānau' mean?

Family. This word is so well known in New Zealand it would usually be used without translation during a news report.

What does it mean if I say 'Kia kaha!' to you?

You are telling me to be strong, steadfast and to toughen up!

What does 'tapu' mean?

Sacred, forbidden. A special ceremony using traditional incantations would need to be performed to lift a tapu and make things 'noa' or normal again. Tapu is always present but increases or decreases depending on the situation. For example, when a person is sick, his or her tapu increases, which might result in them being put in isolation until they get well again and their personal tapu returns to a normal level.

What is koha?

A gift or donation. Traditionally a koha was a gift of food or a precious treasure. Nowadays it is money. Koha is under the jurisdiction of a custom called 'utu' or reciprocity. What is given is expected to be returned at some stage but it may be generations later before the gift is reciprocated. Some events might ask for a koha rather than a set admission fee.

If someone says they are 'going to a tangi' where are they going?

They are going to a tangihanga or funeral. Traditionally a tangihanga would last several days and sometimes weeks. The body was wrapped in harakeke (flax) and kawakawa (*Macropiper excelsum*) leaves, and smeared with kōkōwai (red ochre). It was adorned with feathers of rank and either propped up or laid on a bundle of mangemange (fern). Nowadays the tūpāpaku (body of the deceased) is kept on the marae, usually in an open casket, and dressed in fine, ceremonial clothes. Speeches are delivered directly to the tūpāpaku, as the wairua (spirit) is yet to depart to the abode of eternity. Māori believe the tūpāpaku should never be left alone, so the 'kirimate' (the immediate family of the deceased) and particularly the women of the local tribe will keep constant vigil over the tūpāpaku until it is taken to the urupā (burial ground) for interment. While the unknown may sometimes be quite daunting, you are expected to attend the tangi if you knew the deceased. With some preparation, a visit to a marae for a tangi can be a very purifying experience and a chance to say goodbye to a loved one.

What is whakapapa?

Genealogy. The recitation of whakapapa is a high art-form as well as being a miraculous feat of memory. Whakapapa experts are able to recite hundreds of names in proper order stretching back to the beginning of time. Whakapapa is not just about human genealogies, it is also a metaphor for the evolution of the universe and the creation of the world and all living creatures within it. It provides meaningful links between humans and the environment. In terms of whakapapa, Māori regard themselves as the younger siblings of the trees, birds and fish, in fact of just about all creatures, as they were all created by the gods before the god Tāne created the human race. Māori people are expected to relate and react respectfully towards the environment because of this. Unfortunately, in today's society, this is not always the case! The art of reciting whakapapa is still practised but the names and the histories that flesh out the genealogies are nowadays also committed to paper, and to computer. To know your ancestry is very important in Māori culture.

What does 'Haere rā' mean?

Goodbye. I suspect the reason that this question is commonly asked is because you will see 'Haere rā' painted on road signs around New Zealand as you drive out of various cities and regions. It's also painted in bold lettering at Auckland Airport.

What is a taniwha?

A water-dwelling spirit. Māori legends contain many stories of encounters with taniwha, some friendly, some not so friendly!

Does te reo Māori have swear words?

There are curses and put-downs in traditional Māori language but no swear words like there are in English. There are a few obscenities and profanities in modern Māori that have been borrowed from English.

8. Meeting and greeting

Greeting others in a meaningful way is very important in Māori culture. Choosing the appropriate language is important and shows respect between the people who are meeting each other for the first time. Greeting someone is usually accompanied with the traditional pressing of noses or the *hongi*.

The hongi is a very significant and sacred act. The tradition of sharing the breath of life is considered to have come directly from the gods. Māori folklore recounts the story of the first human, who was a woman, being created by the gods by moulding her shape out of the earth. All of the gods made their own contributions to the creation of this form. Tāwhirimātea, the god of the winds, designed the lungs and breathing apparatus. Tūmatauenga, the god of warfare, created the muscles, tendons, cartilages and sinews. Tūkapua, the god of the clouds, supplied the whites of the eyes, and so it goes on.

When the form had been completed it was the famous god Tāne who embraced the figure, placed his nose on hers and transferred the breath of life into her nostrils. She then sneezed and came to life. Her name was Hineahuone or Earth-formed Woman, and widely accepted as being the first human being.

So when you are performing the hongi, you are paying homage to the creation of the first human, and all your ancestors that descend down to you. You are also paying homage to the descent lines of the person you are performing the hongi with. The *hā*, or the breath of life, is exchanged and intermingled. If you are in a formal welcoming ceremony on a marae, the exchange of this physical greeting turns the *manuhiri* or visitor into a *tangata whenua*, one of the people of the land.

Let's take a look at a basic conversation that could take place between two people meeting for the first time. Mītai is an older gentleman in his sixties and Kata is a 12-year-old girl, and of course they have just completed a hongi!

Ko Mītai: Kia ora e hine!	*Mītai: Hello young girl!*
Ko Kata: Tēnā koe e koro!	*Kata: Hello sir!*
Ko Mītai: Kei te pēhea koe?	*Mītai: How are you?*
Ko Kata: Kei te pai au, me koe?	*Kata: I am good, and you?*
Ko Mītai: Kei te ora! Nō hea koe?	*Mītai: I am well! Where are you from?*
Ko Kata: Nō Kirikiriroa au.	*Kata: I am from Hamilton.*
Ko Mītai: Ko wai ō iwi?	*Mītai: What are your tribal affiliations?*

Ko Kata: Ko Ngāti Maniapoto me Ngāti Tama.
Ko Mītai: Ko wai tō ingoa?
Ko Kata: Ko Kata. Ko wai tō ingoa?
Ko Mītai: Ko Mītai. Kei te aha koe i konei?
Ko Kata: Kei te tatari au ki taku māmā.
Ko Mītai: Ko wai tōna ingoa?
Ko Kata: Ko Makareta.
Ko Mītai: Ko wai tō pāpā?
Ko Kata: Ko Nīkora. He aha tō mahi, e koro?
Ko Mītai: He kaihautū pahi au.
Ko Kata: Anei taku māmā. He rawe te tūtaki ki a koe!
Mītai: Me koe hoki, ka kite anō!
Kata: Āe, hei konā!

Kata: Ngāti Maniapoto and Ngāti Tama.
Mītai: What is your name?
Kata: Kata. What is your name?
Mītai: Mītai. What are you doing here?
Kata: I am waiting for my mum.
Mītai: What's her name?
Kata: Makareta.
Mītai: Who is your father?
Kata: Nīkora. What do you do, sir?
Mītai: I am a bus driver.
Kata: Here's my mum. It's been very nice to meet you!
Mītai: And you too, see you again!
Kata: Yes, goodbye!

You will have noticed the two basic greetings when addressing one person, *Kia ora* and *Tēnā koe*. Both of these greetings are widely known in Aotearoa New Zealand. These will change depending on how many people you are talking to. If you are greeting two people, use the personal pronoun *kōrua* which means 'you two', i.e., *Kia ora kōrua* or *Tēnā kōrua*. If you are greeting three or more people, use *koutou*, i.e., *Kia ora koutou* or *Tēnā koutou*.

Terms of address are frequently used instead of names. In this example, the young girl Kata uses *e koro* to greet the older man, Mītai. 'E koro' literally means 'old man', but in using it Kata demonstrates her respect for an elder and also her cultural awareness. Mītai uses the term *e hine* which describes the relationship between them and initiates an early respect for that relationship, i.e., between an elder and a young person. Some of the most common terms of address are:

e hoa	used for a friend
e kare	used for an intimate friend
e tama	used for a boy or young man
e hine	used for a girl or young woman
e koro	used for an elderly man

e kui	*used for an elderly woman*
e tā	*used in a similar way to 'sir' in English*
e te matua	*used for a male a generation older than you*
e te rangatira	*used for a person of rank*

The age of the speaker and the person being addressed will influence which term is used. The word *mā* can be used if more than one person is being addressed, for example, 'Tēnā koutou e koro mā' or 'Tēnā kōrua e kare mā', but not when the function words *te* or *ngā* are present, as they are in the 'e te matua' and 'e te rangatira' examples. Personal names can also be used when greeting, but remember, if the name is a short one with only one long or two short vowels then it is preceded by *e*, for example, 'e Hone', 'e Pita'. If it's longer or not a Māori name, the 'e' is disregarded, for example, 'Te Ururoa', 'Tariana', 'William', 'Joe'.

It's highly probable that the first question you will ask when greeting someone will be, 'Kei te pēhea koe?' or 'How are you?' There are dialectal differences around this question. People in the Waikato area prefer, 'E pēwhea ana koe?' and we have already discussed the 'Kai te aha?' style of the East Coast speakers! Don't forget to do your maths and perform a quick count up in your head of how many people you are greeting: *kōrua* for two people or *koutou* for three or more people may need to be on the end of your question instead of *koe* for one person. You'll find that most people will respond with 'Kei te pai' or 'E pai ana' meaning 'I am well', but there are more responses you can choose from:

Kei te tino ora	*I am in very good health*
Kei te tino pai	*I am very well*
Kāore i te tino pai	*I am not very well*
Kei te ngenge	*I am tired*
Kei te māuiui	*I am sick*
Kei te riri	*I am angry*
Kei te hūhē	*I am exhausted*
Kei te honuhonu	*I am nauseous*
Kei te hiamoe	*I am sleepy*
Kei te hiainu	*I am thirsty*
Kei te hiakai	*I am hungry*
Kei te kaha tonu	*I am still strong*

Some more colloquial-style responses to the 'Kei te pēhea?' question could be:

Taua āhua anō	*As per usual*
Kei raro e putu ana	*Not coping, going under*
Hēoi anō	*So-so*
Te mutunga kē mai o te pai!	*Couldn't be better!*

After these initial formalities, Mītai and Kata then proceeded to establish where each was from. Who your tribe is and where you are from is important in Māori culture. People will generally be more interested in finding out your tribal affiliations and what region you are from before they even think about asking what your name is! They might not even ask your name at all! Don't worry, this is quite typical, so don't get offended. The basis for this particular cultural characteristic of the Māori people stems from an ancient philosophy that encouraged focus on the well-being of the group before that of the individual, similar in ethos to that well-known saying, 'It's not what your tribe can do for you, but what you can do for your tribe!' The questions 'Nō hea koe?' and 'Ko wai ō iwi?' are asked to establish a kinship relationship before an individual one is created. The older man, Mītai, also asks who the girl's parents are, again to establish the kinship connection. Then they move on to farewells. Here are examples of common farewells:

Ka kite anō	*See you again*
Hei konā	*See you later*
Haere rā	*Goodbye (to someone leaving)*
E noho rā	*Goodbye (to someone staying)*

9. Upsizing your reo

A lot of Māori words are now heard in everyday conversation and have become part of our country's vernacular. For instance, the word *marae* is often heard on the prime-time television news without any translation, because it's so widely understood.

This section contains some of the most common Māori words used in general conversation. They have been specifically chosen for the purpose of this 'upsize your reo' exercise from the list of '100 Māori words every New Zealander should know' on the 'New Zealand History online' website (www.nzhistory.net.nz). Some of them may have already been mentioned in previous chapters but a bit of repetition and reinforcement when learning about a new language is always valuable. Even if you think you don't know much, if you have a few Māori words locked in to your mind and are comfortable with what they mean, and how to say them, all you need are a couple more words to upsize your reo and you're speaking full Māori sentences!

It's all about using what you've got, to maximum effect. Have a look through these words; you may be surprised how far along you already are. Many of you will be able to jump in and start using these straight away, then continue to build on your vocabulary as you move through the book. You'll also naturally start to pick up some common sentence structures.

Aotearoa	*Long white cloud (Māori name for New Zealand)*
Nō Aotearoa ahau.	*I'm from New Zealand.*

Look at that, you're off and running! So now, upsize, and vocalise!

Aroha	*Love, affection*
He nui taku aroha ki a koe!	*I love you a lot!*
Haere mai!	*Welcome! Enter! Come here!*
Haere mai ki Aotearoa	*Welcome to New Zealand*
Haere rā	*Farewell. Goodbye (to someone who is leaving)*
Haere rā e hoa	*Goodbye my friend*
Haka	*Chant with vigorous actions to issue challenge*
Kei te haka te kapa Ō-Pango!	*The All Blacks are doing their haka!*

Hīkoi	*March, walk*
	Haere mai ki te hīkoi
	Come along to the march
Hāngi	*Food cooked in earth oven*
	Haere mai ki te kai hāngi
	Come and eat hāngi food
Hapū	*Clan, sub-tribe*
	Ko Ngāti Whakaue taku hapū
	Ngāti Whakaue is my sub-tribe
Hongi	*Ceremonial pressing of noses*
	Me hongi tāua
	Let us (you and I) press noses
Hui	*A meeting of any kind, conference, gathering*
	Me hui tāua
	Let's (you and I) have a meeting
Ihi	*Power, authority, essential force*
	Inā te ihi o te haka!
	Wow, there is such power in the haka!
Iwi	*People, nation*
	Nau mai, haere mai e te iwi
	Welcome to one and all
Ka pai!	*Good!*
	Ka pai tāu mahi!
	You did a good job!
Kai	*Food*
	He pai te kai?
	Is the food good?
Kaikōrero	*Speaker (there are many other terms)*
	Ko Hone te kaikōrero
	Hone is the speaker

Karanga	*Ceremonial call of welcome (usually by a female)*
	Kei te karanga mai te iwi
	The tribe is calling us
Kaumātua	*Elder or elders*
	Kei te kōrero te kaumātua
	The elder is speaking
Kia ora	*Hello (also used for gratitude and agreement)*
	Kia ora e hoa!
	Hi, mate! Thanks, mate!

The difference here is context. If you see someone for the first time in a while and say, 'Kia ora e hoa!' obviously it is a greeting. But if your friend then hands you a drink, 'Kia ora e hoa!' becomes, 'Thanks, mate!'

Koha	*Gift, donation*
	He koha nā taku whānau
	A gift from my family
Kōrero	*Speak, talk*
	Kōrero mai
	Speak to me
Mana	*Authority, power, influence*
	He tangata whai mana
	An influential person
Manaakitanga	*Respect, kindness to others*
	He mea nui te manaakitanga
	It is important to offer hospitality
Manuhiri	*Guests, visitors*
	Me manaaki i ngā manuhiri
	Look after the guests

Marae	*Complex, including meeting house, dining hall etc* Kei hea te marae? *Where is the marae?*
Mauri	*Essential life force* He mauri tō ngā mea katoa *There is life force in everything*
Nau mai!	*Welcome!* Nau mai e te iwi! *Welcome one and all!*
Ngāi tātou	*A way of referring to everyone present* He taonga ki a ngāi tātou *A treasure for us all*
Noa	*Safe from tapu, non-sacred* Kua noa *Freed from tapu*
Pākehā	*European New Zealander* He Pākehā kōrero Māori *A Māori-speaking European New Zealander*
Rangatira	*Person of chiefly rank, boss, owner* He rangatira whai mana *A respected leader*
Raupatu	*Confiscate, take by force* Whenua raupatu *Confiscated land*
Rohe	*Region, boundary (either geographical or spiritual)* He rohe tino nui *A very large region*
Taihoa	*By and by, later, hold off* Taihoa! Tatari mai ki a au! *Hold on! Wait for me!*

Taonga	*Anything precious* He taonga tuku iho *A treasure that has been handed down*
Tama	*Son, young man, youth* Taku tama purotu *My handsome son*
Tamāhine	*Daughter* Taku tamāhine ātaahua *My beautiful daughter*
Tamaiti	*Child* He tamaiti whakatoi *A cheeky child*
Tamariki	*Children* Haere mai tamariki mā! *Come here kids!*
Tāne	*Man, husband, men* He tāne kaitā *A big guy*
Tangata whenua	*Local people, hosts, original inhabitants* Tēnā koutou ngā tāngata whenua *Greetings to you, the people of this place*
Tangi	*To cry, to mourn* Auē! Te tangi o te ngākau *Alas! Such mourning*
Tangihanga	*Funeral ceremony usually on marae* He tangihanga mō te rangatira o tēnei rohe *A funeral for the chief of this region*
Tēnā koe	*Hello, greetings (said directly to one person)* Tēnā koe, e te rangatira *Greetings, esteemed one*

Okay, 'Greetings, esteemed one' sounds pretty formal or like something out of *Star Wars*, but in fact in Māori it's a fairly common and natural thing to say. Calling someone a rangatira shows you respect them. Just as long as you don't call everyone that, because you'd defeat the purpose! At this point we should also mention:

Tēnā kōrua	*Greetings (to two people)*
	Tēnā kōrua e aku rangatira
	Greetings my esteemed ones (two people)
Tēnā koutou	*Greetings (to three or more people)*
	Tēnā koutou e aku rangatira
	Greetings my esteemed ones (three or more)

And remember, 'kōrua' and 'koutou' indicate the number of people you're speaking to.

Te reo	*The Māori language*
	Me kōrero i te reo
	(You/one) should speak in Māori
Tapu	*Sacred, not to be touched, to be avoided*
	Kaua e raweke i ngā mea tapu
	Don't meddle with sacred things
Tiaki	*To care for, look after*
	Māku koe e tiaki
	I'll look after you
Tiriti o Waitangi	*Treaty of Waitangi*
	He rā hei whakanui i te Tiriti o Waitangi
	A day to celebrate the Treaty of Waitangi
Tino rangatiratanga	*Independence, sovereignty, self-determination*
	He take nui tonu te tino rangatiratanga
	Māori sovereignty is still a big issue

Tipuna/tupuna	*Ancestor* He taonga tuku iho nā tōku tipuna *A treasure handed down from my ancestor*
Tūrangawaewae	*A place to belong to, location of identity* Ko Rotorua tōku tūrangawaewae *I come from Rotorua*

Tūrangawaewae can be literally translated as standing place. It's the place where your kinship ties link you to, perhaps where you grew up, or where you will eventually end up, the place where you feel you really belong.

Wāhi tapu	*Sacred place* He wāhi tapu ki te iwi o tēnei rohe *A sacred place for the tribe of this region*
Wahine	*Woman, wife* He wahine whakatoi taku wahine! *My wife is a cheeky woman!*
Wāhine	*Women, wives* He wāhine toa koutou! *You women are so brave!*
Waiata	*Song or chant* Me waiata tahi tātou *Let's all sing together*
Waka	*Canoe, canoe decendants* Nō te waka o Te Arawa *Descending from the Te Arawa canoe*
Wānanga	*University, forum, meet and discuss* Kei hea Te Whare Wānanga o Waikato? *Where is Waikato University?*
Wehi	*Fear, awe* Te ihi, te wehi, te wana! *The power, the awe, the excitement!*

These three terms are often put together to describe things such as an electrifying, charismatic haka performance. You'll notice three is the magic number in Māori adjectives – compliments and greetings are intensified by making them thrice as nice, so to speak. A good example is, 'Tēnā koutou, Tēnā koutou, Tēnā koutou katoa' – 'Greetings to all of you'. The speaker may look to the crowd to their left, right, and in front of them when they repeat the greeting, to accentuate the fact they are acknowledging everyone present.

Whakapapa	*Genealogy, to recite genealogy*
	Te whakapapa o te waka o Tainui
	The genealogy of the Tainui waka
Whānau	*Extended or non-nuclear family*
	He whānau kotahi tātou
	We are all one big family
Whanaunga	*Kin, relation*
	Kia ora e te whanaunga!
	Hi cuzzy (cousin)!
Whāngai	*Fostered or adopted child*
	Nā taku whaea kēkē ahau i whāngai
	My aunty fostered me

A whāngai often comes from within the wider family group and is brought up by someone who is a biological relation as his or her own child. For instance, an aunty may bring up her niece as her own child. This may be because the aunty was unable to have children herself, or there were already many children in the family.

Wharekai	*Dining hall*
	Me haere tātou ki te wharekai
	We should all go to the dining hall
Wharenui	*Meeting house*
	E wānanga ana rātou i te wharenui
	They're studying in the meeting house
Wharepaku	*Lavatory, toilet*
	Kei hea te wharepaku?
	Where is the toilet?

Whare whakairo	*Carved meeting house*
	He rongonui taua whare whakairo
	That carved meeting house is renowned
Whenua	*Land, homeland, country; also afterbirth*
	He tokomaha ake ngā hipi o tēnei whenua i ngā tāngata!
	There are more sheep in this country than there are people!

If you knew some of these words already, hopefully this chapter has helped you upsize your reo just by adding a few words to make a simple sentence that you can start to use straight away. If you're a keen 'upsizer' you already have some good sentences to roll off the tongue! You'll notice we've repeated some of the simple sentence structures that we discussed in the grammar section so you can get more familiar with using them.

For example, the extremely handy *Haere mai* phrase:

Haere mai ki Aotearoa!	*Welcome to New Zealand!*
Haere mai ki te hīkoi!	*Come along to the march!*
Haere mai ki te kai hāngi!	*Come and eat hāngi food!*
Haere mai, tamariki mā!	*Come here, kids!*

Me used before verbs makes a non-bossy sounding command:

Me hongi tāua	*Let us (you and I) press noses*
Me hui tāua	*Let us (you and I) have a meeting*
Me kōrero koe i te reo	*You should speak in Māori*

He can mean 'a', 'an', 'some' and can be followed by a noun or an adjective:

He tangata whai mana	*An influential person*
He taonga ki a ngāi tātou	*A treasure to us all*
He koha nā taku whānau	*A gift from my family*
He rohe tino nui	*A very large region*
He wāhi tapu ki te iwi o tēnei rohe	*A sacred place for the tribe of this region*
He whānau kotahi tātou	*We are all one big family*

Kei hea . . . ? means 'Where is . . . ?'

Kei hea te marae?	*Where is the marae?*
Kei hea te wharepaku?	*Where is the toilet?*

Kei te means 'is', 'are', something that is happening now, or in the future.

Kei te karanga mai te iwi	*The tribe is calling us*
Kei te kōrero te kaumātua	*The elder is speaking*

You can also recycle and reuse sentences that are a statement, and turn them into questions, just by your intonation. The following phrases just need the classic Kiwi rising inflection at the end of the sentence to make it a question.

He pai te kai	*The food is good*
He pai te kai?	*Is the food good?*
He rohe tino nui	*It's a big region*
He rohe tino nui?	*Is it a big region?*
He whānau kotahi tātou	*We are all one big family*
He whānau kotahi tātou?	*Are we all one big family?*
Me hui tāua	*Let's have a meeting*
Me hui tāua?	*Shall we have a meeting?*
Kei te karanga mai te iwi	*The tribe is calling us*
Kei te karanga mai te iwi?	*Are the tribe calling us?*

Look at that, you have already upsized to twice as much as you thought you knew!

10. The home

The best place to practise Māori is in your own home. It's safe, it's non-threatening and you can have as much fun with the language as you like. Practise with your partner, your flatmate or even better, with your children. Remember, speaking Māori is like driving a car, if you do it every day, it becomes a very natural and easy thing to do.

If you have children who go to a kōhanga reo or kura kaupapa, speaking Māori at home will advance their language skills hugely. Hearing Māori at home will also affirm to them this is a language to use everywhere, not just at school. They might feel proud they can help teach you something as well! Don't be discouraged if kids pick things up more easily than you though; they have a few things in their favour, seeing as the pathways of their brain have been awoken to bilingualism earlier than yours. Kids also don't tend to get hung up or stressed out about learning, and will not be so embarrassed to speak what they've learnt. It's probably time for us adults to take a leaf out of the kids' book!

Pēpi me ngā kōhungahunga/Babies and infants

Te wā whāngai/Meal time

He kai māu, pēpi?	*Do you want some food, baby?*
Me whakapiri tāua i tō pare hūhare	*Let's put on your bib*
Anei tō kai	*Here's your food*
E kai	*Eat up*
Huakina mai tō waha	*Open up your mouth*
He kai anō?	*Do you want more food?*
Kua ngata tō hiakai?	*Are you full up now?*
Āta kai, kaua e horohororē	*Slow down, don't be greedy*
Ka nui tēnā	*That's enough*
Kei mōmona rawa koe!	*In case you get too fat!*
Me whakakūpā i a koe	*We'd better bring up your wind*
Me mirimiri au i tō tuarā	*I had better rub your back*
Hurō! Kua tokomauri koe!	*Hooray! You have burped!*
Auē, kua ruakina e koe a pāpā!	*Oh no, you have thrown up on Daddy!*
Ka aroha rā koe, i te ngau tō puku	*Poor you, your tummy was sore*
Kua pai ināianei?	*All better now?*
Tau kē koe!	*You are awesome!*

Try to pick out a couple of phrases you'll use every time you're doing an activity with baby, for instance at nappy time. Considering how often nappies need to be changed, you'll be getting good practice of those phrases several times a day! Repetition means you, and baby, will soon know these phrases inside out.

Whakahou kope/Changing the nappy

He aha tēnā haunga?	What's that smell?
Kua tiko koe?	Have you dirtied (your nappy)?
Kua mimi koe?	Have you wet (your nappy)?
Kua mākū tō kope	Your nappy is wet
Kua mīia e koe tō kope?	Have you wet your nappy?
Kua tīkona e koe tō kope?	Have you filled your nappy?
Māku e whakahou	I will change it
Kei hea ngā muku hei ūkui i tō kumu?	Where are the wipes to wipe your bum?
Kātahi te tiko nui ko tēnā!	Whoa, that's a huge poo!
I puta katoa mai tēnā i a koe?	Did all that come out of you?
Anei tō kope hou	Here is your new nappy
Kaua e tangi	Don't cry
Kaua e mahi pēnā	Don't do that
Kia tau	Settle down
Kei te pai koe	You're okay
Me whakamau anō i ō kākahu	Let's put your clothes back on
Hītamo!	Arms up!
Me uru ōu waewae ki hea?	Where should your legs go in?
Koia kei a koe!	You are fantastic!

Reo Māori jingles can help keep you, and baby, interested and learning. We made up little ditties to sing to our kids about everyday things like nappy changing. We took the tune to 'La Cucaracha' (the Mexican cockroach song) and swapped the lyrics to 'Me tīni tō kope (da da di da di da di da) me tīni tō kope, me tīni, tīni, tīni, tīni' so we're singing 'Let's chaaange your naaappy'. Okay, not exactly great lyrics, but you'll be surprised how quickly the kids sing along! It also means your tired parent brain doesn't have to come up with new phrases. We made simple songs about everything from having a bath and swimming, to putting on seatbelts.

Te haere mā runga waka/Travelling by car

Kei te haere te whānau ki tō whaea Amo	The family is going to Auntie Amo's house
Kuhuna te waka	Get in the car
Māku koe e whakanoho ki tō tūru	I will put you in your seat
Whakamaua tō tātua	Put your seatbelt on
Kei te pai tō noho?	Are you comfortable?
Āta noho	Sit still
Kaua e raweke i te matapihi	Don't fidget with the window
Waiho te nihowhiti	Leave the gearstick alone
Waiho te tumuringa	Leave the handbrake alone
Me tukatuka i te waka?	Shall I start the car?
He aha tērā tohu ara?	What's that road sign?
He tohu tū	A stop sign
He tohu tautuku	A give way sign
He tohu maioro	A roadworks sign
He aha te tikanga o te rama whero?	What does the red light mean?
E tū!	Stop!
He aha te tikanga o te rama kākāriki?	What does the green light mean?
Haere!	Go!
He pai tēnei waiata nē?	This is a good song isn't it?
Me whakakaha ake i te reo o te reo irirangi!	Let's turn the radio up!
Me waiata tahi tātou!	Let's all (three or more) sing together!
Kua tae tātou!	We (all, three or more) are here!
E puta	Get out
Katia te kūaha	Close the door
He tino pai tō mahi!	You've done a great job!

Te wā horoi/Bath time

Tangohia ō kākahu	Take off your clothes
Kuhuna te puna kaukau	Get into the bath
Māku koe e āwhina	I will help you
He pēhea te wai?	How is the water?
He wera rawa?	Is it too hot?
He makariri rawa?	Is it too cold?

He pai?	*Is it just right?*
Horoia tō māhunga	*Wash your head*
Horoia ō makawe	*Wash your hair*
Māku ō makawe e horoi?	*Shall I wash your hair?*
Kei hea te uku?	*Where is the soap?*
Kei hea te wai pāhukahuka?	*Where is the shampoo?*
He wai pāhukahuka patu kutu tēnei	*This is special shampoo to kill lice*
Katia ō karu	*Close your eyes*
Ka horoi koe i tō tinana?	*Are you going to wash your body?*
Kaua e pūhoru	*Don't jump/splash around*
Kei mākū te papa	*Or you'll wet the floor*
Kua mā katoa koe ināianei	*You're all clean now*
Me tūnahi i a koe ki te tauera	*Let's wrap you up in a towel*
Me whakamaroke tāua i tō tinana	*Let's (you and I) dry your body*
Homai tō waewae	*Give me your leg*
Homai tō ringaringa	*Give me your arm*
Kātahi te tamaiti pai ko koe!	*You are such a good kid!*

Te wā moe/Bedtime

Whakamaua ō kahu moe	*Put your pyjamas on*
Me āka niho koe	*Brush your teeth*
Kuhuna te moenga	*Get into bed*
Kei te mahana koe?	*Are you warm?*
Me pānui pukapuka tāua	*Let's (you and I) read a book*
Kia au tō moe	*Have a peaceful sleep*
E moe	*Go to sleep*
Tō pīwari hoki	*You are so cute*
Kāti te hōkari paraikete	*Stop kicking your blankets off*
Turituri tō waha	*Be quiet*
Homai he kihi	*Give me a kiss*
Homai he awhi	*Give me a cuddle*
Kei te tāia koe e te moe	*You are very sleepy*
Kei te hītako koe	*You are yawning*
Katia ō karu	*Close your eyes*
Pō mārie	*Good night*
Tino nui taku aroha ki a koe	*I love you very much*
Te wā oho	*Wake up time*

Ata mārie	Good morning
I pēhea tō moe?	How did you sleep?
Me panoni i ō kākahu	Get dressed
Whakapaitia tō taiwhanga moe	Clean up your room
Kua horoi koe i tō kanohi?	Have you washed your face?
He aha tō parakuihi, e tama?	What do you want for breakfast, my son?
He puarere	Rice bubbles
He kāngarere	Cornflakes
He wīti pīki	Weet-Bix
He korarā	Milo
He pū kākano	Muesli
He wai ārani	Orange juice
He wai āporo	Apple juice
He tōhi	Toast
He tiamu	Jam
He mīere	Honey
He maika	Banana
Kua horoi koe i ō pereti?	Have you washed your dishes?
Ākaia ō niho	Brush your teeth
He aha tō mahi i tēnei rā?	What are you doing today?
Kei te haere koe ki hea i tēnei rā?	Where are you going today?
Ko wai mā kei te haere?	Who are you going with?
Kei te pīrangi moni koe?	Do you need money?
Kia hia te moni hei hoatu māku ki a koe?	How much money do I have to give you?
Kia pai te rā	Have a nice day
Me tiaki tētahi i tētahi	Look after each other
Ka mau tō wehi!	You are amazing!

Te wā māuiui/Sickness

He aha te mate?	What's wrong?
He mate tōku	I am sick
Kei te ngau tō puku?	Have you got a sore stomach?
Kei te ānini tō māhunga?	Have you got a headache?
Kei te mamae tō korokoro?	Have you got a sore throat?
Kei te maremare koe?	Have you got a cough?

Ehara i te karawaka	It can't be measles
I werohia koe ki te kano ārai mō taua mate	You were immunised for that particular disease
Tērā pea ko te kuku	Maybe it's colic
Ko te koroputa hei pea	Maybe it's chickenpox
Kino tō kirikā	You have a bad fever
E hūpē ana tō ihu	Your nose is blocked
Whengua tō ihu	Blow your nose
Ko te rewharewha pea	It looks like the flu
Me haere ki te tākuta	Better go to the doctor
Kia manawanui	Be brave
Kua motu i a koe tō waewae	You have cut your leg
Kei te toto	It's bleeding
Anei he piriora	Here is a plaster
Anei tō rongoā	Here is your medicine
Me whakatā koe ināianei	Get some rest now
Me moe koe ināianei	Get some sleep now
Ka ora ake koe āpōpō	You will feel better tomorrow
Kei hea kē mai tō māia!	You are very, very brave!

Play time is another opportunity to bring in some Māori language and seeing as it's playtime, get creative! Simple language is enough for games that build your, and your children's vocabulary. We've also translated rhymes from our childhood into Māori to say to our kids: 'Round and round the garden' becomes 'Huri i te māra, mehe teti pea, kotahi hīkoi, rua hīkoi, tōkenekene.'

Te reo tākaro/Language games

Me tākaro tāua!	Let's (you and I) play!
Kei hea tō ihu?	Where is your nose?
. . . ō karu?	Where are your eyes?
. . . ō taringa?	Where are your ears?
. . . ō pāpāringa?	Where are your cheeks?
. . . ō makawe?	Where is your hair?
He aha tēnei?	What is this?
He rae tēnei	This is a forehead
He ihu tēnei	This is a nose

He arero tēnei	*This is a tongue*
He waha tēnei	*This is a mouth*
E hia ō matimati?	*How many fingers do you have?*
Tekau ō matimati	*You have 10 fingers*
Me tatau?	*Shall we count them?*
E hia ō ringaringa?	*How many hands do you have?*
E rua ō ringaringa	*You have two hands*
Ko wai tēnei?	*Who is this?*
Ko wai tō ingoa?	*What is your name?*
E hia ō tau?	*How old are you?*
Nō hea koe?	*Where are you from?*
Ko wai tō pāpā?	*Who is your father?*
Ko wai tō māmā?	*Who is your mother?*
He aha kei roto i te pēke?	*What is in the bag?*
He aha te tae o tēnei?	*What colour is this?*
He pango	*Black*
He mā	*White*
He kahurangi	*Blue*
He tawa	*Purple*
He kōwhai	*Yellow*
He pākākā	*Brown*
He whero	*Red*
He aha kei roto i te pouaka?	*What is in the box?*
He taputapu tākaro	*A toy*
He takawairore	*A mechanical toy*
He newanewa	*A soft toy*
Tō ihumanea hoki!	*You are so clever!*

Te wāhi tākaro/The playground

Oma ki te tāheke	*Run to the slide*
Pikia te arawhata	*Climb up the ladder*
Kei hea ngā tārere?	*Where are the swings?*
Māku koe e panapana	*I'll push you*
Teitei ake?	*Higher?*
Ka taea e koe tēnā rākau te piki?	*Are you able to climb that tree?*
Māku koe e āwhina	*I'll help you*
Me piki tāua i te tīemiemi?	*Shall you and I go on the seesaw?*

Nā wai tēnā pōro?	Whose ball is this?
He mea nui te tohatoha	It's important to share
He tino tere te peka āmio!	The roundabout is really fast!
Me tākaro ki te tūraparapa	Play on the trampoline

Tohutohu/Instructions

Whakarongo mai!	Listen to me!
Titiro mai!	Look at me!
Haere mai!	Come here!
Pakipaki!	Clap your hands!
E tū!	Stand up!
E noho!	Sit down!
Hītamo!	Arms up!
Kanikani!	Dance!
Huri atu!	Turn away!
Huri mai!	Turn towards me!
Takahurihuri!	Spin/roll around!
Tāpapa!	Lie on your stomach!
Tīraha!	Lie on your back!
Tohatoha!	Share!
Pīrori pōro!	Roll the ball!
Turituri!	Be quiet!/Hush!
Kāti te tīoro!	Stop screaming!
Kaua e tangiweto!	Stop being a sook!
Kaua e whawhai!	Stop fighting!
Ka whakataupuatia koe!	You will get put in time out!
Wā taupua!	Time out for you!
Kia tūpato!	Be careful!

Taiwhanga horoi/Bathroom

Haere ki te heketua	Go to the toilet
Tukua te wai heketua	Flush the toilet
Whakamahia te tīere	Use the air freshener
Kua pau te puka heketua	The toilet paper has run out
Horoia ō ringaringa	Wash your hands
Whakamaroketia ō ringaringa	Dry your hands
Opeopea te wai i te papa	Mop up the water on the floor

Whakatārawatia tō tauera	Hang up your towel
Me uwhiuwhi koe!	You need a shower!
Whakakāngia te momihau	Turn on the extractor fan
Kia kore ai e kōrehu te whakaata	So that the mirror doesn't get fogged up
Kei a koe te wai pāhukahuka?	Have you got the shampoo?
Kua tata tōmiti te uku	The soap has just about dissolved
Heua tō pāhau	Shave your beard
Kāti te whakatoi mō taku whenguwhengu	Stop giving me cheek about my moustache
Āta horoia tō kanohi	Wash your face properly
Kua āka niho koe?	Have you brushed your teeth?
Whakakīia te puna kaukau	Fill up the bath
Pania taku kiri ki te monoku	Can you rub moisturiser on me
Whakamahia tēnei mō ō tatarakina	Use this for your split ends
Ko tēnei rauangi kia hinga ai koe i a au	(I'm using) this perfume so that you can't resist me
Kua kite koe i taku pia makawe?	Have you seen my hair gel?
Tō kakara hoki!	You smell so good!

Taiwhanga moe/Bedroom

Tino tīwekaweka tēnei taiwhanga!	This room is very untidy!
Nā wai i whakapōrohe?	Who messed it up?
Whakapaitia te moenga	Make the bed
Kei hea ngā hīti me ngā paraikete?	Where are the sheets and the blankets?
Wā moe	Bedtime
Tino hiamoe au	I am so tired
Katia ngā ārai	Close the curtains
Whakairia ō kākahu ki te whata	Hang your clothes in the wardrobe
Me heru koe i ō makawe	You should brush/comb your hair
Whakawetoa ngā rama	Turn off the lights
Kei te oho tonu koe?	Are you still awake?
Kia pai tō moe	Have a good sleep
E oho!	Wake up!
Maranga!	Get up (out of bed)!
He aha rā ō moemoeā?	What dreams did you have?

Taiwhanga noho/Lounge

He aha tā te pouaka whakaata ā te pō nei?	What's on TV tonight?
Ko *Te Karere* me *Shortland Street*	Te Karere *and* Shortland Street
He hōtaka pai a *Te Karere*, nē rā?	Te Karere *is a choice programme, eh?*
Āe mārika!	Yes indeed!
He aha kē atu?	What else?
Ko *Waka Huia*	Waka Huia
Āhea?	When?
Ā te waenganui pō	Midnight
Tōmuri rawa tērā!	That's too late!
Tino ngohengohe tēnei hāneanea	This couch is extremely comfortable
Pai te māhoi atu i konei	Awesome view from here
Kei te kitea ngā pae maunga	You can see the mountain range
Nā wai ngā ipu hākinakina kei te kārupe?	Whose are those sports trophies on the mantelpiece?
He takuahi tawhito tērā	That (over there) is an old fireplace
Whakapāhotia mai he kōpae kiriata	Put on a DVD

Taiwhanga kai/Dining room

Kei hea te takapapa mō te paparahua?	Where is the tablecloth for the dining table?
Kei roto i te hautō	In the drawer
Kua hora te kai o te pō	Dinner is served
Haere mai koutou ki te kai	Come and eat, everybody
Mā wai te kai e whakapai?	Who will bless the food?
Māku e mahi	I will do it
Tēnā koa, homai te tote me te pepa	Pass the salt and pepper, please
Homai te parāoa me te pata	Pass the bread and butter
Anei tō paoka, tō māripi me tō kokotoha	Here is your fork, your knife and your spoon
Kāore koe e kai mīti?	Do you not eat meat?
He huamata māu?	Would you like some salad?
Te kaha hūnene o te kai nei!	Wow, what delicious food!
Tikina he mīti poaka anō māu	Help yourself to some more pork
Kia tūpato koe kei mōmona	Watch out or you'll get fat
Engari mō tēnā!	That'll be the day!

Tiakina ngā toenga	Save the leftovers
E kai tonu koe, kaua e whakamā!	Keep on eating, don't be shy!
Kia ora, kua mākona taku hiakai	No thanks, I can't eat any more
Pūnaunau!	I'm full!

Te Kāuta/Kitchen

Kei te kāuta a Niwa	Niwa is in the kitchen
Kei te whakataka kai ia	She is preparing a meal
Tikina mai he kūmete	Fetch me a bowl
Kei roto ngā hēki i te pātaka mātao	The eggs are in the fridge
Ruia he paku tote ki runga	Add a pinch of salt
Tukuna ki te umu mō te kotahi hāora	Put it in the oven for an hour
Whakamahia te ngaruiti	Use the microwave
Kia kotahi rau te pā mahana	Set (the oven) at 100 degrees
He aha taku āwhina i a koe?	What can I do to help?
Waruwarungia kia toru ngā kāroti	Grate three carrots
Tāwhiuwhiuhia te kirīmi	Whip the cream
Kōroria te waihāro	Stir the soup
Whakaritea te paparahua	Set the table
Nā wai te kai nei i tunu?	Who cooked this meal?
Nā Niwa	Niwa did
He kai mā kōrua?	Do you (two) want something to eat?
Kua kai māua	We (she/he and I) have eaten
Kua kai a Reweti	Reweti has eaten
I kai rātou i te ata nei	They (three or more) ate this morning
I kai au i te takakau	I ate the scone
I inu a Hare i te miraka	Harry drank the milk
Kei te kai au	I am eating
Kei te kai koe	You are eating
Kei te kai ia	He/She is eating
Tukua ngā taputapu kai ki te puoto	Put the dishes in the sink
Horoia ngā maitai	Wash the dishes

Taiwhanga horoi kākahu/Laundry

Haria tō pūtē ki te taiwhanga horoi	Take your clothes basket to the laundry
Whiua ō kākahu paru ki te pūrere horoi	Put your dirty clothes in the washing machine

Tītaritaritia atu he nehu horoi kākahu	*Sprinkle in some washing powder*
E pūriko ana tō hāte	*Your shirt is stained*
Kia roa tonu te tōpunitanga	*Give it a good soak (in water)*
Me tōpuni kia mā anō ai	*Soak it to make it clean again*
Horoia ki te wai makariri	*Use cold water*
Tukua ngā kākahu ki te pūrere whakamaroke	*Put the clothes in the dryer*
Whakairia ki waho	*Hang them up outside*
Kia maroke i te rā me te hau	*To dry in the sun and the wind*
Kei te haeana a Hēmi i ōna kākahu	*Hēmi is ironing his clothes*
Whātuia ngā kākahu	*Fold the clothes*
Kua tīhaea ō tarau poto	*Your shorts are ripped*
Kei paru ō kākahu!	*Don't get your clothes dirty!*
Kei mākū ō kākahu!	*Don't get your clothes wet!*

Te māra/Garden

Ka ngaki au i te māra i te rā nei	*I am going to tend the garden today*
He aha ai?	*Why?*
Kia tipu matomato ai ngā putiputi	*So the flowers can flourish*
Kia pai ai tōna āhua	*So it looks nice*
Katohia ngā rōhi	*Pick the roses*
Katohia ērā pakawhā	*Pluck those withered leaves*
Tahitahia ngā rau	*Sweep up the leaves*
Tikina te pōtarotaro ka tapahia ia ngā mauti	*Get the lawnmower and mow the lawns*
Me kairangi i te rākau nei	*Lop the topmost branches off this tree*
E pāpua ana tēnei aka	*This vine is spreading out of control*
Pāketuhia ngā tarutaru	*Get rid of those weeds*
Whakapipihia ki te kokonga rā	*Stack them all in that corner over there*
Ruiruia te wairākau	*Scatter some compost around the place*
He whenua haumako tēnei	*This is very fertile land*
Me mahi māra kai ki konei	*We should build a vegetable garden here*
Me keri rua i te one	*Dig some holes in the soil*
Ka onokia he kūmara, he taro, he kāroti	*Plant some kūmara, yams and carrots*

Kaua e wareware ki te tāuwhiuwhi i ngā tipu	Don't forget to water the plants
Mā te aha ngā tipu e ora ai?	*How do plants survive?*
Mā te pātātoko	*By photosynthesis*
Mā ngā hihi o te rā	*By the sun's energy*
Mā te wai	*By water*
Mā ngā manawa whenua	*By minerals in the soil*

11. The marae

The marae is one of the last remaining physical symbols of traditional Māori society. In former times the marae was the open space situated in front of the ancestral meeting house; however, in these contemporary times, the word *marae* encapsulates all the surrounding buildings as well, such as the *wharenui* or meeting house, the *wharekai* or dining room, and the *wharepaku*, or toilets. Other terms that it is important to know when visiting a marae are:

Tangata whenua	*Local person/people*
Manuhiri	*Visitor/visitors*
Hui	*Meeting or gathering*
Tūrangawaewae	*Home ground*
Whaikōrero	*Formal speech*
Karanga	*Traditional call of welcome*
Wero	*Traditional challenge*
Waiata	*Song*
Kaumātua	*Elder (male or female)*
Hongi	*Pressing of noses*
Haere mai	*Welcome*
Hākari	*Ceremonial feast*
Tomokanga	*Entrance/Gateway*

Parts of the wharenui

The wharenui is usually symbolic of a famous ancestor of the tribe. His or her head is represented by the koruru extending down to the arms or maihi which are open and ready to embrace all visitors. The inside of the wharenui is the body of the ancestor, where his or her ribs or heke, heart or poutokomanawa, and spine or tāhū are clearly visible.

Tekoteko	*Carved figure on top of house*
Koruru	*Carving on apex below tekoteko*
Maihi	*Sloped carvings along roof*
Raparapa	*End points of the maihi*
Matapihi	*Window*
Kūaha	*Doorway*
Poupou	*Carved slabs on inside wall*
Tukutuku	*Ornamental latticework between poupou*

Kōwhaiwhai *Painted scroll ornamentation*
Heke *Rafter*
Poutokomanawa *Centre post inside house*
Tāhū *Ridgepole*

Te whakaeke marae/Going onto the marae

Me whakakao ngā manuhiri ki te tomokanga
The visitors gather at the entrance

Me whakarite kaikōrero (tāne)
Organise the speakers (usually male)

Me whakarite kaikaranga (wāhine)
Organise the callers (usually female)

Me kohi koha
Collect a donation

Me tatari kia karangahia
Wait to be called on

Kua tapu te marae ināianei
The marae is now in a sacred state

Me āta hīkoi ki te aroaro o te wharenui
Walk slowly towards the ancestral meeting house

Kaua e kōrero
Don't talk

Kaua e whakakōraparapa
Don't look around apprehensively

Kaua e kata
Don't laugh

Kaua e tuku i ngā tamariki kia oma
Don't let the kids run around

Kia piri, kia tata
Stay close and keep together

Kia pārore, kia harakoa
Relax and enjoy

Ka mōtu ngā manuhiri me ngā tāngata whenua hei tohu whakamaumahara ki ngā mate
The visitors and locals stand in silence to remember those who have passed on

Ka noho ngā manuhiri ki ngā tūru
The visitors then sit down on the chairs

Ka noho ngā kaikōrero ki mua
The speakers sit in front

Ka tīmata ngā kōrero i te tangata whenua
The local people will begin the speeches

Mā te kaikōrero whakamutunga o te manuhiri te koha e whakatakoto ki runga i te marae
The last speaker for the visitors lays down the koha on the marae

Ka mutu ngā kōrero i te tangata whenua kia mau tonu ai i a rātou te mauri me te mana o te marae
The local people will conclude the speeches so that the vitality and integrity of the marae remains with them

Me waiata hei whakarehu i te kōrero
You must sing a song to complete your speech

He aha tō waiata?
What is your song?

He pai ake ngā waiata tawhito i ngā waiata o tēnei wā
Traditional chants are preferable to contemporary songs

Māku tō waiata
I will perform a song on your behalf

Māu taku waiata?
Can you perform a song on my behalf?

Ka mutu ana ngā kōrero, ka harirū, ka hongi, ka haere ki te hākari
When all the speeches are completed, it's time to shake hands, press noses and go for a delicious meal

Kua noa anō te marae ināianei
The marae is no longer tapu

Whaikōrero/Oratory

Whaikōrero or oratory is an art form which expresses flair, drama, charisma and the wealth of traditional knowledge the speaker has acquired during his lifetime. It is very impressive to watch when performed by an expert. Most speakers will follow a general format, but this can vary, and will depend on the expertise of the speaker and the occasion.

Below are some sample whaikōrero for you to learn. You will notice the language of whaikōrero is much more metaphorical than everyday language. Remember, it takes a lifetime to perfect the art so the main thing for you to remember at this stage is to be humble and deliver the appropriate mihi or acknowledgements to the right people and places.

Each sample starts with a *whakaohooho* or evocation, to grab the audience's attention. After the *whakatepe* or final remarks, it is expected that you perform a *waiata* or song to conclude your speech in the appropriate way. This is called a *whakarehu* and symbolically releases you from the transcendental position you were just in. Kia māngari! Good luck!

Tangihanga (tangata whenua)/Funeral (local speaker)

He whakaohooho/Evocation

Tērā te whetū kamokamo mai rā
See, the star scintillates in the distance

Ka tangi te whatitiri
The thunder peals

Ka rapa te uira
The lightning flashes

Mihi ki ngā manuhiri/Welcome to the visitors

E aku rangatira kua tae mai
My esteemed guests who have arrived at this time

Mihi i te kaupapa/Acknowledge the theme of the day

Tangihia mai rā te tangi ki te makau
Commence the dirge and lament for a loved one

Māna e tāmoe Te Moananui a Kiwa
He will overcome the great ocean of Kiwa (Pacific Ocean)

Ki ōna tūpuna e tatari ana ki a ia
To his/her illustrious ancestors waiting for him/her

Nō reira, nau mai, haere mai koutou
Therefore, I cordially welcome you all here today

I tēnei wā taumaha mō tātou katoa
At this difficult time for us all

Whakatepe/Conclusion

Ahakoa he mihi poto tēnei
Although this greeting is short

Nō koutou kē tēnei wā
This is your time

Ki te mihi, ki te tangi, ki te poroporoakī
To acknowledge, to grieve and to pay your final respects

Nō reira e hoa mā
Therefore my friends

Tēnā koutou, tēnā koutou, tēnā tātou katoa
Greetings to us all

Rā whānau (tangata whenua)/Birthday (local speaker)

He whakaohooho/Evocation

Ka tangi te tītī
The muttonbird calls

Ka tangi te kākā
The native parrot calls

Ka tangi hoki ko au
I call in unison

Tīhei mauri ora!
And exhort the breath of life!

Mihi ki ngā mate/Acknowledgement of those who have passed on

Tuatahi, ki ngā raukura kua maunu atu ki moana uriuri
First and foremost, I pay homage to the plumes who have drifted to the foreboding ocean

Haere atu rā koutou
Farewell to you all

Mihi ki ngā manuhiri/Welcome to the visitors

E ngā hau e whā o te motu
To the tribes from the four winds

Piki mai, kake mai!
Ascend forth, welcome!

Mihi i te kaupapa/Acknowledge the theme of the day

He rā whakahirahira tēnei he rā harikoa hoki mō tātou katoa
This is indeed a special and joyous occasion for us all

Koinei te rā e whakanui ai tātou i te huritau rima tekau o Mere!
This is the day when we celebrate Mary's 50th birthday!

Nō reira e Mere, ngā manaakitanga a te whānau ki a koe
Therefore, Mary, we the family wish you all the best.

Whakatepe/Conclusion

E te iwi, kia ngahau tātou engari, me tiaki tātou i a tātou
All those in attendance, let's celebrate but remember to look after each other

Tēnā koutou, tēnā koutou, tēnā tātou katoa
Greetings to us all

Mārena (tangata whenua)/Wedding (local speaker)

He whakaohooho/Evocation

Tuia i runga, tuia i raro
Draw divine power from above and below

Tuia i roto, tuia i waho
Internally and externally

Tuia te here tangata
To secure the bonds between us

Tīhei mauri ora!
I exhort the breath of life!

Mihi ki ngā mate/Acknowledge those who have passed on

E rere takiwā ana ngā whakaaro ki te ao wairua, ki te pūtahitanga o Rehua
My thoughts glide skywards to the spiritual world, to the home of our ancestors

Tau mai rā
I pay homage to you all

Mihi ki ngā manuhiri/Welcome to the visitors

E ngā rau o te kōtuku kua taupua mai nei
To the plumes of the majestic white heron who have alighted here today

Nau mai, haere mai!
Welcome to you all!

Mihi i te kaupapa/Acknowledge the theme of the day

Nā Hēmi rāua ko Rāhera te karanga kia hui mai tātou i tēnei rā
James and Rachael have called us together today

Ki te whakanui i te aroha pūmau i waenganui i a rāua
To celebrate their undying love for each other

He rā nui tēnei nā te mea, ka moe te iwi o Ngāi Tahu ki te iwi o Te Arawa
This is an important occasion because it is a union between the people of the Ngāi Tahu tribe and the Te Arawa

Nō reira, mā te Atua kōrua e tiaki
Therefore, may God bless you both.

Whakatepe/Conclusion

E te whānau whānui, e aku mātua, e aku whāea
To all the families present, to my male and female elders

Tēnā koutou katoa!
I greet you all!

The following samples are for visiting speakers only. You will notice that the format is somewhat different than those for the host speakers.

Tangihanga (manuhiri)/Funeral (visitor)

He whakaohooho/Evocation

E kī ana te kōrero
There is a well-known saying that states

He ai atu tā te tangata
That as the human race procreates

He huna mai tā Hinenuitepō
The goddess of death lies in wait

Mihi tūpāpaku/Eulogy to the deceased

E kare
My dear friend

Ko koe te matapoporetanga o te iwi
You were the one cherished by the people

Engari, kua korehāhā koe i te rā nei
but now you are no more

Ko te ua i te rangi
The rain from the heavens

Ko te ua i aku kamo
Is now matched by my tears

Haere atu rā koe
I bid you farewell

Haere ki wā mamao
As you depart to eternity

Mihi i te whānau pani/Acknowledge the bereaved family

E te whānau
To the family

Me pēhea rā?
What can I say?

Kia kaha koutou i tēnei wā pōuri
Be strong at this very sad time

Mihi i te tangata whenua/Acknowledge local people

Te whare e tū nei
The ancestral house that stands before me

Te marae e hora nei
The sacred ground that stretches below me

Te iwi e tau nei
All the people gathered here today

Tēnā koutou katoa
I greet you all

Whakatepe/Conclusion

E mihi ana ki a koutou mō tā koutou manaaki mai i te rā nei
I thank you all for your hospitality today

Tēnā koutou, tēnā koutou, tēnā tātou katoa!
And once again, greetings to all!

Rā whānau (manuhiri)/Birthday (visitor)

He whakaohooho/Evocation

Iti rearea
Although the bellbird is small in stature

Kahikatea ka taea
It can fly to the top of the lofty white pine

Tīhei mauri ora!
And exhort the breath of life!

Mihi mate/Acknowledge those who have passed on

Ka tangi ki ngā mate huhua o te wā
I lament the multitudes who are no longer with us

Haere atu rā koutou, haere, haere
Farewell to you all

Mihi i te tangata whenua/Acknowledge the local people

E mihi ana ki te rangi
I pay homage to the heavens above

E mihi ana ki te whenua
I pay homage to the land below

E mihi ana ki ngā maunga
I pay homage to the ancestral mountains

Me ngā wai hōrapa nei i tēnei rohe ātaahua o koutou
And waterways that embrace this area of yours

Mihi i te kaupapa/Acknowledge the theme of the day

E te rangatira o te rā, tēnā koe!
The great chief of the day, I salute you!

Kua tae mai tō iwi, tō whānau me ō hoa ki te whakanui i a koe i tēnei rā kāmehameha ōu
Your tribe, your family and your friends are all here to celebrate with you on this very special occasion

Kei noho ka mahue i a mātou!
We wouldn't have missed it for the world!

Whakatepe/Conclusion

Nō reira, tēnā koe e te hoa!
And so I salute you my friend!

Waiho ko te amorangi ki mua hei ārahi i a koe, haere ake nei
May the grace of the Almighty guide you in the days to come

Kia ora anō tātou katoa!
Greetings again to us all!

Mārena (manuhiri)/Wedding (visitor)
He whakaohooho/Evocation

Ka korihi te manu kō
The bellbird calls

Kua ao, kua ao
'Tis dawn, 'tis dawn

Kua awatea
'Tis daylight

Tīhei mauri ora!
I exhort the breath of life!

Mihi mate/Acknowledge those who have passed on

Tuatahi, he roimata ka heke i ngā rau maharatanga ake ki ngā tini aituā
First and foremost, the tears flow with the countless memories of those who have passed

Moe mai rā
May they rest in peace

Mihi i te tangata whenua/Acknowledge the local people

E aku manukura
To my illustrious hosts

Mihi mai, mihi mai
Thank you for your words of welcome

Anei mātou o te whānau Ngātai
We are the representatives of the Ngātai family

E mihi atu nei ki tō maunga tapu Tongariro
We pay homage to your sacred mountain Tongariro

Ki tō moana tupuna Taupō
To your ancestral lake Taupō

Me tō whenua tāngaengae e takoto nei
And your bequeathed land beneath us

Mihi i te kaupapa/Acknowledge the theme of the day

Ko te aroha te kaikaranga i a tātou i tēnei rā
Love has brought us here together today

E tūhono ai tōku maunga ki tō maunga
Where my mountain will join yours

I runga i te takapau wharanui o ngā tūpuna
On the hallowed marriage quilt of our ancestors

Whakatepe/Conclusion

E Hūria, e Hone
Julia and John

Kua kotahi ō kōrua manawa i te rā nei
Today your hearts have become one

Kia pūmau te aroha i waenganui i a kōrua mō ake tonu atu
May your love for each other remain strong forever

Kia ora tātou katoa!
Greetings again to us all!

Karanga/Ceremonial call

The karanga or ceremonial call is usually performed by the women to begin the formal welcome. As with the whaikōrero, it takes years to perfect, and the women who perform karanga are held in high esteem by the tribe. The roles of men and women on the marae are equal and complementary, not discriminatory, which unfortunately is a common interpretation by those viewing the process through the lens of the Western world.

Below are two sample karanga. The first is for a local to use and is relevant to any occasion. You will again notice the metaphor present in the language of karanga and there are instances when the language of whaikōrero and karanga can be transferable.

There are three parts to the following samples:

- *karanga whakaeke* or call to enter
- *karanga mihi mate* or a call to acknowledge those who have passed on
- *karanga toiora* or a secondary call to the living to embrace the reason for the day's gathering.

After each karanga there will usually be a reply from the visiting callers, so you will need to listen and wait for their first call to end before you begin your second karanga. This exchange continues until the karanga process concludes. If there is no reply, continue on with your three karanga in your own time. Kia kaha, all the best and be strong!

Sample karanga for a local caller

Karanga whakaeke/Call to enter

E aku nui, e aku rahi
To my esteemed guests

Nau mai, haere mai
Welcome, enter

Ki runga i te papa tapu
Onto the sacred ground

I takahia ai e ngā mātua tūpuna ē
Traversed by the ancestors of old

Haere mai, haere mai!
Welcome, welcome!

Karanga hunga mate/Acknowledge those who have passed on

Mauria mai rā ngā hua kākaramea ē
Bring forth the fruits of red ochre

Utaina mai rā hei tīpare
Assemble them together as a wreath

Mō ngā poroporoākī a te iwi ē
For the laments of the people

Auē taukuri ē!
The anguish still remains!

Karanga hunga ora/Secondary call to the living

Whakatata mai rā ngā tūwaewae whakaingoingo
Ascend forth, my treasured visitors

Kia noho ngātahi ai tātou
So that we may sit together

I raro i te korowai o te aroha ē
Beneath the cloak of love

Haere mai, haere mai, haere mai rā!
Welcome, welcome, welcome!

Sample karanga for a visiting caller

Karanga whakaeke/Call as you enter

E ngā maunga kōrero ē
My illustrious hosts of lofty origin

Ko tai nunui, ko tai roroa tēnei e whati atu nei
The people who approach onto your marae

Ki runga i tō marae ē
Are from all over the country

Karanga mai rā, karanga mai rā!
Call to us, call to us!

Karanga hunga mate/Acknowledge those who have passed on

Tēnei te mōteatea, te apakura o te ngākau ē
The heart still mourns and laments

Ki te hunga i kaiwaka ai te rangi
Those who caused the sky to become dark and gloomy

I iwikore ai te tangata ē
And debilitated the people

Haere atu rā e aku hōkioi, haere atu rā!
Farewell descendants of the brilliant hōkioi bird, farewell!

Karanga hunga ora/Secondary call to the living

Tēnei mātou te rāpoi atu nei
We have come in unison

Ki te hāpai i te take matapopore o te rā nei ē!
To uplift this very important occasion!

E te tāpui tāmaka o tēnei kāinga ē
Therefore, to the distinguished leaders of this region

Karanga mai, karanga mai, mihi mai rā!
Call to us, call to us, welcome us!

12. Food and eating

The *hākari* is the ceremonial feast that takes place after any important occasion. A *karakia whakapai kai* or grace will almost always be conducted before the commencement of the feast. Below are two sample karakia whakapai kai. They are appropriate for both visitor and host to use. As you learn these karakia you will be introduced to some traditional Māori gods: Ranginui, the sky father; Papatūānuku, the earth mother; Tāne, the god of the forest; Rongo, the god of cultivated foods; Tangaroa, the god of the sea; and Maru, the god of war. You may ask, 'Why would a grace mention a god of war?' Traditionally, Māori would always leave a small portion of their meal on the side of their plate and utter the words, 'Mā Maru' or 'This is for Maru'. This was to appease the war god so that he may assist them in the future.

Karakia whakapai kai tuatahi/First grace

Nau mai e ngā hua o te wao	I welcome the gifts of food from the forest
o te ngakinga, o te wai tai	from the cultivated gardens, from the sea
o te wai māori	from the fresh waters
Nā Tāne	The food of Tāne
Nā Rongo	Of Rongo
Nā Tangaroa	Of Tangaroa
Nā Maru	Of Maru
Ko Ranginui e tū nei	I acknowledge Ranginui above me
Ko Papatūānuku e takoto nei	And Papatūānuku who lies beneath me
Tūturu whakamaua kia tina!	This is my commitment to them!
Haumi, hui e, tāiki ē!	United and connected as one!

Karakia whakapai kai tuarua/Second grace

Nau mai e ngā hua	I welcome the gifts of food
o Papatūānuku	provided by the earth mother
o Ranginui kete kai	and the sky father, bearer of food baskets
Whītiki kia ora!	Gifts bound together to sustain all of us!
Haumi e, hui e, tāiki ē!	United and connected as one!

I a koe e kai ana/During the meal

You may find the following phrases helpful as you sit down to enjoy your succulent hākari meal:

He hāngi tēnei?	Is this a traditional meal cooked in an earth oven?
He aha kei roto?	What's inside?
He hua whenua	Vegetables
He heihei	Chicken
He poaka	Pork
He mīti kau	Beef
Kia hia te roa ka maoa?	How long does it take to cook?
Kia whā hāora	Four hours
Mā wai tēnei kai?	Who is this food for?
Mā te manuhiri	For the visitors
Homai te pata	Pass me the butter
Homai te tote me te pepa	Pass me the salt and pepper
Kāore āku taputapu kai	I don't seem to have a knife and fork
Anō māku	Some more for me please
Kua rahi tēnā	That's enough
Whakakīia taku kōata	Fill my glass please
Taihoa, kia hangere noa, nē?	Oh hang on, just half full, okay?
Kua mutu koe?	Are you finished?
Kāore anō	Not yet
Nā wai te ika mata i mahi?	Who made the raw fish?
Kua tata kī taku puku	Man, I am just about full
He towhiro kei te haere ake	Pudding is yet to come
He aha te towhiro?	What's the pudding?
He keke tiakareti	Chocolate cake
He korohehengi	Steam pudding
He kahu tāhungahunga	Pavlova
He hua rākau haemata	Fruit salad
He kirīmi tāwhiuwhiu	Whipped cream
Tino reka ngā kai!	This food is delicious!

Mihi/Speech of thanks

It is customary for visitors to make a short speech towards the end of the hākari. Here is an example for you to learn and don't forget your *whakarehu* or song!

Tīhei mauri ora!
I exhort the breath of life!

E ngā tohunga o te manaaki tangata
My supreme hosts

Me pēhea rā e rite ai i a au tā koutou whakautetanga mai i tēnei rā
How can I ever repay your hospitality on this day

Ka hau te rongo mō koutou
It will be spoken about in times to come

Nō reira, tēnā koutou!
And so I thank you very much!

Te reka o te kai!
The delicious meal!

Te pai o te tangata!
The wonderful people!

Tē hiahia hoki atu!
One does not wish to leave!

Noho ake me te aroha
Farewell, we leave you with our affection

Kia ora tātou katoa!
Greetings again to us all!

Hākari are usually cooked in the hāngi, or traditional earth ovens, of the local tribe so *hāngi* is the name given to the food you eat at the hākari. It might take four or five delicious hāngi meals before your tastebuds get accustomed to the new flavours they are experiencing, but hang in there, enjoy the meal, and more importantly, enjoy the cultural experience that goes with it.

Te kimi wharekai/Finding a restaurant

If your tastebuds are not immediately turned on by that succulent hāngi kai that has just come out of the earth oven for you, you might want to look up a restaurant in town. But whatever you do, don't ask the local tribe who just cooked a hāngi for you, where the local restaurant is, okay!

Horoia ō ringa i mua i te kai	*Wash your hands before you eat*
Ki hea tātou kai ai i tēnei rā?	*Where shall we eat today?*
Kei hea te wharekai pai o tēnei rohe?	*Where is the best restaurant/café in this area?*
He wharekai kei konei e tuwhera tonu ana?	*Is there a restaurant around here that's still open?*
He wharekai utu nui?	*Is it expensive?*
Me ōkawa ngā kākahu?	*Do I have to dress up?*
Me tono i mua i te haere?	*Do I have to make a reservation?*
Kei te pīrangi paparahua au mō te pō nei	*I would like to reserve a table for tonight*
Tokohia ngā tāngata?	*How many people?*
Tokorua ngā tāngata	*Two people*
Mō āhea?	*For what time?*
Mō te haurua i te whitu	*For seven-thirty*
Ko wai tō ingoa?	*What is your name?*
Ko . . . tōku ingoa	*My name is . . .*
Anei taku nama . . .	*Here is my number . . .*
Aroha mai, kua riro ngā paparahua katoa	*Sorry, we are fully booked*
Ka taea te whakarite wā tōmua/tōmuri ake?	*Can you squeeze us in earlier/later?*
He aha ngā momo kai o taua wharekai?	*What kind of food do they have there?*
He wharekai Wīwī kei konei?	*Is there a French restaurant here?*
. . . Hapanihi . . . ?	*Japanese*
. . . Hainamana . . . ?	*Chinese*
. . . Īniana . . . ?	*Indian*
. . . Āhia . . . ?	*Asian*
. . . Mātaitai . . . ?	*Seafood*
. . . Mīti kau/Motū . . . ?	*Steakhouse*
. . . Kaimanga . . . ?	*Vegetarian*
. . . Kokomo . . . ?	*Buffet*

Āhea te wharekai tuwhera ai?
When does the restaurant open?

Āhea kati ai?
When does it close?

He aha ō hāora puare?
What are your opening hours?

E harikoa ana au kei konei au, taku hiakai hoki!
I'm so happy to be here, I'm starving!

Homai te rārangi kai
Can I see the menu please

He aha ngā kai motuhake i tēnei pō?
What are tonight's specials?

He kai mīti-kore kei konei?
Do you have vegetarian dishes?

Kua rite mātou ki te tono kai
We (us, three or more) are ready to order

He aha ngā kumamatanga?
What are the appetisers/entrées?

Anei aku hiahia
This is what I will have

He kōuraura hei kumamatanga
Shrimps for the entrée

He rara poaka hei kai matua
Pork ribs for the main

He aihikirīmi hei towhiro
Ice cream for dessert

He pūioio te mīti nei
This meat is tough

E mangungu ana tēnei kai
This food is not cooked properly

He kai mākihakiha hoki!
It is very bland food!

Tote rawa tēnei kai!
This food is too salty!

Mōkarakara nē?
It's very savoury, isn't it?

He towhiro hoki mā koutou?
Would you (three or more) like some dessert?

He wainene ngā hua rākau nei
These pieces of fruit are very succulent

He kai whakatōkenekene ngao, nē?
This food tickles the tastebuds, doesn't it?

Toka ana te manawa
I am absolutely satisfied

Mōrurururu ana ahau!
My stomach is so full I can't move!

Kei hea te toa ō rangaranga?
Where is the takeaways outlet?

Kei te pīrangi pākī ahau
I want a hamburger

He kao rīwai māku
I feel like potato fritters

He rīwai kotakota hei kīnaki?
Some chips to complete your order?

I haere mātou ki te wharekai, tina ai
We (us, three or more, but not you) went to the café for lunch

Te tono inu/Ordering a drink

He inu māu?
Would you like a drink?

Tēnā koa, he inu māku
Excuse me, can I get a drink please

He inu mirumiru, waipiro, inu wera rānei?
A soft drink, alcoholic beverage or hot drink?

He inu mirumiru māku
A soft drink for me please

He aha te tāwara?
What flavour?

He kōpaka?
With ice?

Kāore he kōpaka
No ice please

He tarata
Lemonade

He pia māku
I will have a beer

He tīkape pounamu tāu?
Do you have a bottle opener?

He inu wera māku
I will have a hot drink please

He pounamu wai māori mōku
I will have a bottle of water

He waiwera anake māku
Just hot water for me please

Kei te pīrangi puna manawa ahau, tēnā koa
I would like some mineral water, please

He tī otaota māku, kāore he huka, kāore he miraka
Herbal tea for me, no sugar, no milk

He tī māku, kotahi te huka me te miraka
Tea for me, one sugar and milk

He kawhe māku, kia rua ngā huka, kāore he miraka
Coffee for me, two sugars, no milk

He tiakareti wera māku me te miraka whakatiki
Hot chocolate for me, with trim milk

Kia hia ngā huka?
How many sugars?

Kārekau
None

Homai te rārangi wāina
Can I see the wine list

Kia kotahi pounamu o te . . .
I'll have a bottle of the . . .

Kia kotahi kōata o te . . .
I'll have a glass of the . . .

Ko te whero/mā o te wāhi nei
I'll have the house red/white please

He wairori tāu?
Do you have a corkscrew?

Kia ora rā
Thank you

Te hokomaha/The supermarket

Ka haere au ki te hokomaha ākuanei
I will be going to the supermarket soon

Kei hea ngā tōneke?
Where are the shopping trolleys?

Kei hea ngā rīwai?
Where are the potatoes?

Tikina mai he tōneke
Fetch me a trolley

Kei tēhea hongere ngā pū kākano?
What aisle are the cereals in?

Tikina mai kia ono ngā maika
Go and get six bananas

Me haere au ki hea mō ngā inu?
Where do I go to get drinks?

Ki hongere tuawhitu
To aisle seven

Kei hongere tuatoru ngā taputapu whakatāupe
Vanity products are in aisle three

Ka pai, anei te rārangi kai hei hoko. Excellent, here is the list of food to buy:

Hua whenua/Vegetables

Rīwai	*Potato*
Tōmato	*Tomato*
Rētihi	*Lettuce*
Kīkini	*Green pepper*
Pīni	*Bean*
Pītau pīni	*Green bean*
Kānga	*Corn*
Kūmara	*Sweet potato/Kūmara*
Kāroti/Uhikaramea	*Carrot*
Riki	*Onion*
Nīko	*Cabbage*
Korare	*Silverbeet*
Hirikakā	*Chilli*
Paukena	*Pumpkin*
Aonanī	*Brussels sprout*
Kamoriki	*Gherkin*
Rengakura	*Beetroot*
Uhikura	*Radish*
Huamata	*Salad*
Roi huamata	*Coleslaw*

Hua rākau/Fruit

Tarata	*Lemon*
Rāhipere	*Raspberry*
Huakiwi	*Kiwifruit*
Rōpere	*Strawberry*
Pītiti	*Peach*
Āporo	*Apple*
Patatini kuihi	*Gooseberry*
Patatini kikorangi	*Blueberry*

Kerepe	*Grape*
Maika	*Banana*
Ārani	*Orange*
Pea	*Pear*

Kaimoana/Seafood

Ika	*Fish*
Kūtai	*Mussel*
Tio	*Oyster*
Kina	*Sea egg/Kina*
Pāua	*Abalone*
Kōura	*Lobster/Crayfish*
Pāpaka	*Crab*
Pātiki	*Flounder*
Hāpuku	*Groper*
Tāmure	*Snapper*
Kanae	*Grey mullet*
Makawhiti	*Yellow-eyed mullet*
Araara	*Trevally*
Kuparu	*John Dory*
Ngū	*Squid*
Wheke	*Octopus*
Kōuraura	*Shrimp*

Mīti/Meat

Mīti kau	*Beef*
Kau mina-tote	*Corned beef*
Mīti poaka	*Pork*
Mīti hipi	*Mutton*
Reme	*Lamb*
Rara	*Chops*
Pēkana	*Bacon*
Poaka tauraki	*Ham*
Heihei	*Chicken*
Tōtiti	*Sausage*
Korukoru	*Turkey*
Rakiraki	*Duck*
Nakunaku	*Mince*

Ētahi atu kai/Other groceries

Parāoa	Bread
Parāoa pū kākano	Brown bread
Pāpaki	Pita bread
Rōhi iti	Bun
Tōraha	Sausage roll
Pōhā	Pastry
Pōhā aparau	Flaky pastry
Miraka	Milk
Miraka whakatiki	Low-fat milk
Miraka pē/Waipupuru	Yoghurt
Kirīmi	Cream
Pata	Butter
Tīhi	Cheese
Huka	Sugar
Huka one	Castor sugar
Huka hāura	Brown sugar
Āwenewene	Saccharin
Puehu huka	Icing sugar
Kawhe	Coffee
Tī	Tea
Korarā	Milo
Tote	Salt
Pepa	Pepper
Hēki	Eggs
Noni	Vegetable oil
Noni tākou	Olive oil
Waihāro	Soup
Wairanu	Sauce
Wairanu huamata	Mayonnaise/Salad dressing
Wai petipeti	Jelly
Parehe	Pizza
Parāoa rimurapa	Pasta
Tīkohu parāoa	Macaroni
Kihu parāoa	Noodles/Spaghetti
Pīni maoa	Baked beans
Namunamuā	Spices

Amiami	Herbs
Rauamiami	Mixed herbs
Kanekane	Garlic
Paitu kanekane	Ginger
Panikakā	Mustard
Panihā	Pâté
Tiamu	Jam
Mīere	Honey
Īhipani	Marmite
Pū kākano	Cereal
Wīti pīki	Weet-Bix
Pāreti	Porridge
Puarere	Rice bubbles
Kāngarere	Cornflakes
Patahua	Muesli
Raupāpapa	Bran flakes
Pāraharaha	Pancakes

Taputapu horoi/Cleaning products

Rehu matūriki	Aerosol
Rehu horoi kākahu	Washing powder (clothes)
Patu rango	Fly spray
Tāwhiri	Air freshener
Taitai pounamu	Bottle brush
Haukini	Ammonia
Whakatoki	Bleach
Patuero	Antiseptic
Pareumu	Oven cloth
Muku	Dishcloth
Taitai	Dishwashing brush
Patu kitakita	Disinfectant
Ūkui pepa	Paper towels
Kopa kirihou	Plastic bags
Kauoro	Scrubbing brush
Rauangiangi	Tissue paper
Puka heketua	Toilet paper

Taputapu whakatāupe/Vanity products

Patu mōrūruru	*Anti-perspirant/Deodorant*
Hinu makawe	*Hair cream*
Pia makawe	*Gel*
Rehu makawe	*Hair spray*
Huka makawe	*Mousse*
Karahā	*Mouth freshener*
Pani ngutu	*Lipstick*
Pūreke	*Ointment*
Puru taiawa	*Tampon*
Kope wahine	*Sanitary pad*
Kukuweu	*Tweezers*
Rautangi	*Perfume*
Pare tīkākā	*Sunblock*
Taitai niho	*Toothbrush*
Pē niho	*Toothpaste*

Whakahokia te tōneke ki tōna kāinga	*Put the trolley back in its park*
Pikia te waka	*Get in the car*
Ka kite i a koe, hokomaha!	*Bye bye, supermarket!*

13. Sports

Time to get physical now e hoa mā! There is a well-known Māori language proverb that says, 'Tama tū, tama ora; tama noho, tama mate!' 'The industrious person flourishes; the idle one languishes!' After reading the chapter about family relationships, you should know that the word tama means boy or young man. So if you are talking about another person other than a boy or young man, replace tama with the appropriate term, for example, 'Hine tū, hine ora; hine noho, hine mate!' 'The industrious young girl flourishes; the idle one languishes!' Anyway, it's all about exercise and making sure you get your 30 minutes a day (or more) of walking, running, weight training or sport. And what better way to cap it all off than speaking Māori while you do it! Ka rawe!

Whare hākinakina/Gym

Pūmua	Protein
Ngākau kawa	Bad attitude
Ngākau reka	Good attitude
Ngākau whakapuke	Enthusiasm
Whakangungu	To train
Kori tinana	To exercise
Matiti	Stretch
Koiri	Limber up/Warm up
Whakamakaka	Warm down
Tīkeikei	Treadmill
Pūrere hoe	Rowing machine
Paihikara whakangungu	Exercycle
Haukori	Aerobics
Haukori angi	Cardio funk
Haukori kaupae	Step aerobics
Uatoko	Pump
Kori āmio	Circuit
Whakaakoranga	Class
Tairakaraka	Power walking
Hiki maitai/Mōhiki	Weightlifting
Tauteka	Barbell/Weight bar
Mōtū	Weight
Kati	Collar

Pōria	*Plate*
Taumaha	*Heavy*
Māmā	*Light*
Taumaha rawa	*Too heavy*
Māmā rawa	*Too light*
Taumaha ake	*Heavier*
Māmā ake	*Lighter*
Whakamārō poho	*Chest exercises/Push-ups*
Whakapūioio uarua	*Bicep exercises*
Whakapūioio puku	*Abdominal exercises/Sit-ups*
Whakapūioio uatoru	*Triceps exercises*
Whakapūioio waewae	*Leg exercises*
Whakapūioio pokohiwi	*Shoulder exercises*
Whakapūioio tuarā	*Back exercises*
Whakapūioio remu	*Buttock exercises*

Me haere tāua ki te whare hākinakina, nē?
Let's (you and I) go to the gym, okay?

Kua tino māngere au i ngā rā nei
I have been very lazy lately

Me whakangungu au i tēnei rā
I need to do some training today

Kei hea te whare hākinakina tata?
Where is the nearest gym?

He aha te utu mō te haere ki reira?
How much does it cost to go there?

E ai ki ngā pānui, me whakangungu koe mō te toru tekau meneti ia rā
According to the advertisements you should train for 30 minutes a day

Mā te whakangungu ka hohe!
Training energises you!

E haere ngātahi ana te whakangungu me te kai tōtika
Training goes hand in hand with a good diet

Kāti te noho noa iho, me kori koe!
Stop sitting around, do some exercise!

Mahi tuatahi, me matiti
First task is to stretch

Mahi tuarua, me koiri
Second task is to limber up

Kei te rite koe ki te whakangungu?
Are you ready to train?

Kei te tārekareka koe?
Are you fired up and ready to go?

Me piki koe i te tīkeikei mō te toru tekau meneti
Jump on the treadmill for 30 minutes

Tīkeikei mō te wā poto kia mahana ai
Treadmill for a short time to warm up

Māu anō tāu tūāoma
Go at your own pace

Engari me heke te werawera
But you need to get a sweat up

Pūrere hoe ināianei
Rowing machine now

He pai ake ki a au te eke paihikara whakangungu
I prefer the exercycle

Ahakoa tīkeikei, pūrere hoe, paihikara whakangungu rānei, he pai te katoa mō te hauora
Whether it's the treadmill, the rowing machine or the exercycle, they are all beneficial to your health

Tirohia ngā whakaakoranga haukori
Check out the aerobics classes

Āhea tīmata ai te haukori angi?
When does the cardio funk class start?

Pēhea te haukori kaupae?
What about step aerobics?

Kāore he whakaakoranga kaupae i tēnei wā
There are no step classes at this time

He rawe hoki te uatoko, te kori āmio me te Zumba!
Pump, circuit and Zumba are awesome too!

Āhea te whakaakoranga uatoko?
When is the next pump class?

Ā te tekau mā tahi karaka
At eleven o'clock

Ko au tēnā!
That's me!

He uaua ngā whakaakoranga haukori!
The aerobics classes are hard out!

Engari, he pai mō te whakakakapa manawa
But excellent for raising the heart rate

Me āta whakarongo ki ngā tohutohu a te kaiako
You need to listen carefully to the commands of the instructor

Āta hiki ake	*Lift it (up) nice and slow*
Āta tuku iho	*Release it (down) nice and slow*
Āta piki ake	*Rise up slowly*
Āta heke iho	*Descend back down slowly*
Hikituri	*Lift the knees*
Turitike	*High knee lift*
Tūoma tere	*Run quickly on the spot*
Tūoma toitoi	*Jog on the spot*
Tūhurihuri	*Turn on the spot*
Makawae	*Flick kick*
Hītoko	*Jump on one foot*
Mauī	*Left*
Matau	*Right*
Tiriwae	*Grapevine*
Kōpeke	*Tuck jump*

Me hiki maitai ināianei?
Shall we lift some weights now?

Kāo e hoa, kua pau te hau!
No my friend, I am stuffed!

Me whakakaha koe i a koe!
Toughen up!

Kia toa koe!
Harden up!

Haere mai rā!
Come on!

Mānuka takoto, kawea ake!
I accept your challenge!

Me tīmata ki ngā mahi whakamārō poho
Let's start with chest exercises

kātahi ko ngā mahi whakapūioio uarua
then some bicep exercises

ka mutu ki ngā mahi whakapūioio puku
and conclude with some abdominal exercises

Pēhea te tuarā, ngā waewae me ngā uatoru?
What about the back, legs and triceps?

Hei āpōpō ērā wāhanga o te tinana whakangungua ai
We will train those parts of the body tomorrow

Hei ātahirā ko ngā mahi whakapūioio pokohiwi
The day after tomorrow we will work on shoulders

Whakamaua ngā kati ki te tauteka
Secure some collars onto the barbell

He aha ai?
What for?

Kia kore ai ngā pōria e makere ki runga i tō waewae!
So that the plates don't slip off onto your foot!

Whakataumahatia ake
Make it heavier/put more weight on

Whakamāmāhia ake
Make it lighter/take some weight off

Kua pai tēnā
That's perfect

Whakataka pōria ināianei
Strip sets now

He aha tēnā momo tikanga whakangungu?
What's that training technique?

Ia tekau mohiki, ka whakatakahia atu he pōria
Every ten repetitions, we drop a weight off

kia mahue iho ko te tauteka anake
until only the bar remains

Auē!
Whoa!

Kia rua ngā pōria rua tekau ki ia taha
Put two 20-kg plates on each side (of the bar)

Ka taea e koe tēnā te hiki?
Can you lift that?

Mātakitaki mai!
Watch me/watch this!

Māku koe e āwhina
I will spot you

Waiho
Leave it

Kei a au tonu
I still have it (I can still lift it)

E rua kei te toe
Two (reps) to go

Kotahi anō, kotahi anō!
One more, one more!

Ka taea e koe, kia kaha!
You can do it, come on!

Patua te mamae!
Ignore the pain!

Ko tā te hūhi he whakatautauā i te tangata
Fatigue makes cowards of us all

Mā te hinengaro te hūhi e patu kia toa ai koe
The mind has to overcome fatigue in order for you to be successful

Kaipara/Athletics

Whew, it's making me tired just looking at those previous sentences! How about you? Well, I suppose if you're reading this right now, you're probably on the couch or in bed thinking about training tomorrow . . . and speaking Māori while you do it of course, nē? Now, some of you might have been lucky enough to be born with the *kura huna* or X-factor! Fast twitch fibres for sprinting, big powerful muscles in the right places for throwing or jumping. Add into the mix some determination, drive and perseverance, and you're well on the way to becoming a champion! So, for the more serious athletes, check out these words and phrases.

Whakataetae kaipara	*Athletics meeting/competition*
Tia ngapu	*Starting blocks*
Wī ngapunga	*Starting line*
Pū tīmata	*Starting pistol*
Matawā tumu	*Stopwatch*
Tauwhāinga	*Event*
Omamao	*Long distance run*
Oma taumano	*Marathon*
Waetea taumano	*Marathon runner*
Oma taitua	*Middle distance run*
Waetea taitua	*Middle distance runner*
Wae tauārai	*Steeplechaser*
Oma tauārai	*Steeplechase*
Awhe	*Boxed in*
Kōpere	*Sprint*
Wae kōpere	*Sprinter*
Tānga	*Relay*
Tauoma tānga	*Relay race*
Tūāoma	*Leg (of race)*
Matire	*Baton*
Tāepa	*Hurdle*
Waepeke tāepa	*Hurdler*
Kotahi rau mita	*100 metres*
Rua rau mita	*200 metres*

Whā rau mita	*400 metres*
Waru rau mita	*800 metres*
Kaipara	*Athlete*
Kaipara ngahuru	*Decathlete*
Hākina ngahuru	*Decathlon*
Kaipara whitu	*Heptathlete*
Hākina whitu	*Heptathlon*
Kaipara rima	*Pentathlete*
Hākina rima	*Pentathlon*
Tūpeke	*High jump*
Kaitūpeke	*High jumper*
Kairērere	*Long jump*
Kairērere	*Long jumper*
Peke tōtoru	*Triple jump*
Poroāwhio	*Discus*
Kurutai	*Hammer*
Kōtaha kurutai	*Hammer throw*
Kaikōtaha	*Hammer thrower*
Panga matā	*Shotput*
Hōreke	*Javelin*
Kaihōreke	*Javelin thrower*
Wī tuatuku	*Throwing arc*
Pūihi tuatuku	*Throwing area*
Tuatuku	*Throwing circle*
Taipana takahuri	*Torque*
Tūtoko	*Pole vault*
Kaitūtoko	*Pole vaulter*
Hēhē/Tīmata hori	*False start*
Tūāpapa	*Dais*
Tohutoa	*Medal*
Whakatāhei tohutoa	*Medal ceremony*
Kaiwhakatāhei tohutoa	*Medal presenter*
Toa mātāmuri	*Bronze medallist*
Toa mātāwaenga	*Silver medallist*
Toa mātāmua	*Gold medallist*
Pūkeke	*Determination*
Pūnoke	*Perseverance*
Kaha	*Drive*

Toitoi ai au ia ata i mua i te parakuihi
I jog every morning before breakfast

Me rere rōnaki ki ngā koeko, ka hoki mai ai
Run smoothly up to the cones and back

Ia rua rākau, me kōpere atu koe
Sprint at every second tree

Hei te marama o Paengawhāwhā te oma taumano o Rotorua
The Rotorua marathon is held in April

Neke atu i te toru mano ngā waetea taumano ka uru ki tērā tauwhāinga
More than 3000 marathon runners enter that event

E oti pai ai, me hāneanea ō hū omaoma
To complete it successfully, you need comfortable running shoes

He pai ki a au te oma mao
I like running long distances

He pai ki a au te oma mō te kotahi hāora, ia rā
I like running for an hour every day

He tokomaha ngā waetea taitua toa o Aotearoa i ngā tau o mua
New Zealand has had many champion middle distance runners in the past

Mō te waru rau mita, me puta ki mua kei awhetia koe
When running in the 800 metres, head to the front or you will get boxed in

Kāore he painga i a Jamaica mō te whakatipu wae kōpere toa
There is no better country than Jamaica for producing top sprinters

Ko te mea nui i roto i te tauoma tānga kia kaua e taka te matire
The most important thing in a relay race is to not drop the baton

Me āta tuku te matire ki te ringa o tō hoa
Pass the baton carefully to your teammate

Ko te rua rau mita tāna tino tauwhāinga
The 200 metres is his/her best event

Nō te tau rua mano mā waru i toa ai a Valerie Adams i te panga matā i te Taumāhekeheke o te Ao
In 2008 Valerie Adams won the shotput at the Olympic Games

Ko te parahutihuti o te huri me te whārite ngā tino pūmanawa o te panga matā
The speed of the turn and balance are the two valuable skills for shotputting

Me aronui ki te āhua o te mahi kia angitu ai
Focus on perfecting the technique to ensure success

Ko Daley Thompson o Ingarangi tētahi o ngā kaipara ngahuru e tino maumaharatia ana e au
Daley Thompson from England is a decathlete I can clearly remember

Koia te toa mātāmua o te hākina ngahuru i te tau waru tekau, waru tekau mā whā hoki
He won the gold medal in the decathlon in 1980 and 1984

He tino tāroaroa tō tama, ka pai ia hei kaitūpeke!
Your son is very tall, he would be a good high jumper!

E rata kē ana ia ki te kairērere
He actually prefers the long jump

He kaitā tana teina, nō reira, ko te kurutai
His younger brother is big and solid, so the discus

me te poroāwhio āna kai
and the hammer are his events

Kei te whakahaerehia te whakatāhei tohutoa ā te rima karaka
They are holding the medal ceremony at five o'clock

Tata nei te pū te pakō noa, ka hēhē ētahi
The gun was about to go off, and some made a false start

Ngā tākaro me ngā hākinakina/Games and sports

Māori have always been keen participants and competitors on the sports field. The notion of competition is prevalent in most tribal histories, and games were developed to harness the energy and skills of our people. *Kī-ō-rahi* is a traditional pre-European Māori ball game. It is a fast running contact sport, played on a circular field, involving imaginative handling and swift interpassing of a *kī* or ball made of flax. Before the arrival of Europeans, kī-ō-rahi was played by Māori throughout Aotearoa New Zealand. By 1870 however, most traditional Māori games and sports had disappeared. So what were we to do?

Mmmm, only one option really . . . get good at the new games and sports that the Western world had introduced to us! The following list applies to a number of sports:

Tutukai	*Toss the coin*
Tākaro	*Game/Match*
Kaihautū	*Captain*
Kaitākaro	*Player*
Kaiwhakaako	*Coach*
Nohoanga kaiwhakaako	*Coaches' box*
Kaiwawao	*Referee*
Karumātaki	*Spectator*
Hoariri	*Opposition/Opponent*
Autaua	*Commentator*
Tātari	*Analyse*
Tātaritanga	*Analysis*
Pōro	*Ball*
Hāmene/Tautuku	*Penalty*
Piro/Eke panuku	*Goal/Try*
Kaho	*Crossbar*
Poutata	*Near post*
Poumao	*Far post*
Poukoko	*Corner flag*
Tatau/Tapeke	*Score*
Papa Tātai/Papa tapeke	*Scoreboard*
Mahere tākaro	*Game plan*
Haupārua	*Draw*
Tuku mātātahi	*Tie-breaker*
Toa	*Win/Winner*
Toanga	*Victory*
Marurenga	*Loser*
Hinga	*Lose*
Taupua whara	*Time out for injury*
Wā whara	*Injury time*
Taupua	*Time out*
Whakangā	*Bye*
Ringarapa/Utukore	*Amateur*
Ringarehe/Ngaio	*Professional*

Whakapuru waha	*Mouthguard*
Parekiri	*Padding*
Paretā	*Shin pad*
Maihao	*Sprig*
Karapitipiti	*Grandstand*
Taputapu hākinakina	*Sports equipment*
Whiringa taumātaki	*Preliminary round*
Whiringa uru	*Qualifying round*
Whiringa whānui	*Quarter-final*
Whiringa whāiti	*Semi-final*
Whiringa toa	*Final*
Ko wai i toa?	*Who won?*
He aha te tatau whakamutunga?	*What was the final score?*
Ko wai i tino pūrero ake?	*Who was outstanding?*
Ko wai i tino kōrekoreko mai?	*Who were the star players (on the day)?*
Nōnahea te tākaro i tīmata ai?	*When did the match start?*
I pēhea te mahi a Reweti?	*How did Reweti play?*
E rua āna piro	*He got two goals/tries*
I pēhea te mahi a ērā atu kaitākaro?	*How did the other players perform?*
Te mutunga kē mai o te koretake!	*Absolutely hopeless!*
Te mutunga kē mai o te pai!	*Absolutely brilliant!*
Ko wai te kaihautū i tō rātou kapa?	*Who is the captain of their team?*
I hē pea te mahere rautaki a te kaiwhakaako	*Perhaps the coach had the wrong game plan*
He pakari te hoariri ki te ruturutu	*The opposition were strong defenders*
Mamae pai tō tātou kapa i a rātou	*Our (all of us) team got bashed around by them*
He aha kē te mate o tō tātou kapa?	*What on earth is wrong with our team?*
He ngoikore nō te hauora!	*They are unfit!*
He ninipa hoki!	*They are unskilled and awkward!*
Ka patua tō kapa e tōku!	*My team will beat yours!*
E kī!	*Yeah right!*

Whutupōro/Rugby

In 1870 Europeans introduced a new game to New Zealand and boy did Māori just fall instantly in love with it! It had all the things Māori enjoyed: camaraderie, vigour, speed, drama, physical contact, competitiveness, a high level of skill and mana. Whereas kī-ō-rahi had been banned in schools, rugby was encouraged. Māori immediately recognised the similarities between kī-ō-rahi and rugby, and the game became overwhelmingly popular.

In 1888 the first New Zealand representative rugby team was made up entirely of Māori players, selected on merit. Later, three Europeans and two foreigners joined the team, which left for an extensive tour of Britain. The team was called the Natives and used the silver fern (the common New Zealand tree fern whose fronds have a silvery underside) as their emblem. One of the New Zealand Natives' greatest legacies was the haka, a traditional Māori posture dance with vigorous movements, which they first performed during a match on 3 October 1888 against Surrey. The haka was later adopted by the New Zealand national team, the All Blacks, as were their black jerseys (previous New Zealand sides had worn navy blue). In 1910, the New Zealand Māori Rugby team was given official status and this magnificent team has performed with distinction and pride ever since!

Kapa Ō-Pango	*All Blacks*
Hau Āwhiowhio	*Hurricanes*
Kahurangi	*Blues*
Rangatira	*Chiefs*
Whatumoana	*Crusaders*
Kahupeka	*Highlanders*
Whakareke huataki/Tīmata	*Kick-off/Start*
Whakamatuatanga	*Half-time*
Whakamutunga	*Finish/End*
Whana	*Kick*
Urumaranga	*Drop goal*
Whana taka	*Drop kick*
Whaka kōkiri	*Drop-out*
Whana ripi	*Grubber kick*
Whana korowhiti	*Overhead kick*
Whana whakatau	*Tap kick*
Whana tōkiri	*Torpedo kick*
Whana tūānuku	*Place kick*
Whana teitei/Tīkoke	*Bomb*
Whana aweawe	*Chip kick*
Whakareke	*Mark*

Whana tāpiri/Whana whakaū	*Conversion*
Whana hāmene	*Penalty kick*
Paneke tautuku	*Penalty try*
Poutū	*Goal post*
Pātoi	*Draw/Entice in*
Whakamāhunga	*Dummy run*
Tīmori	*Decoy*
Hōkaikai	*Goose-step*
Wheta	*Sidestep*
Perori	*Swerve*
Taka mā muri	*Double around*
Tirikohu whakamua	*Dive forward*
Taka whakamua	*Knock on*
Taka whakamuri	*Knock back*
Maka	*Pass*
Maka whakamua	*Forward pass*
Maka māminga	*Dummy pass*
Rutu	*Tackle*
Tairutu	*Dangerous tackle*
Rutu tōmuri	*Late tackle*
Porokakī/Rutu māhunga	*Head-high tackle*
Rutu kōpeo	*Spear tackle*
Whakateka	*Flying tackle*
Rutu kātete	*Low tackle*
Ringa mārō	*Stiff arm*
Pae taha	*Sideline*
Pae kaneke	*Advantage line*
Poimate	*Dead ball*
Pae poimate	*Dead-ball line*
Rohe poimate	*Dead-ball area*
Taupuru	*Scrum*
Takahuri	*Screw scrum*
Taupuru hinga	*Collapsed scrum*
Kōtui	*Binding*
Whāngai hē	*Incorrect feed*
Paneke taiari	*Pushover try*
Āpititū	*Lineout*

Āpititū poto	*Short lineout*
Hōkari	*Ruck*
Kaunuku	*Maul*
Tororua	*Double movement*
Pae hūtoto	*Blood bin*
Pae hara	*Sin bin*
Pana	*Sent off*
Poumuri	*Back*
Poumua	*Forward*
Rangapū poumua	*Forwards*
Rangapū poumuri	*Backs*
Poutuki waho	*Loosehead prop*
Poutuki roto	*Tighthead prop*
Waekape	*Hooker*
Kaiwhītiki	*Lock*
Poutaha takiraha	*Openside flanker*
Poutaha kūiti	*Blindside flanker*
Pouwaru	*Number 8*
Poutoko	*Halfback*
Topatahi	*First five-eighth*
Toparua	*Second five-eighth*
Topapū	*Centre*
Paihau mauī	*Left wing*
Paihau matau	*Right wing*
Haika	*Fullback*
Kaiwhakahirihiri	*Reserve*

Kia kaha kapa Ō-Pango!
Go All Blacks!

Kia kaha ngā Kahupeka!
Give it heaps Highlanders!

Mā mua a muri e tika ai
The forwards lay the platform for the backs

Waiho i te toipoto, kaua i te toiroa
Keep it tight, don't play loose

He mea nui kia whakawhiti i te pae kaneke
It is very important to cross the advantage line

He mea nui hoki te kaupare hoariri me te rutu
Defence and tackling is also hugely important

Me whakatū pā tūwatawata kia kore ai a pae kaneke e whakaekea!
Build an impregnable fortress so the advantage line is never crossed!

E mea ana rātou ka kōhuru rātou i a tātou
They are saying they will murder us

Tukua mai kia eke ki te paepae poto a Hou
Let them cross the threshold to their doom

He toki tērā topatahi ki te mahi urumaranga
That first five-eighth is awesome at drop goals

Ki te whāngahia ngā paihau, ka raru te hoariri
If the wingers get the ball, the opposition will struggle

Ko tēnei whakawai kia pai ai te pātoi me te maka
This training drill is to improve draw and pass techniques

Nā te whana ripi a Hēmi i whai piro ai a Tame
Hemi's grubber kick set up Tom's try

He torutoru noa iho ngā kaitākaro e whana tōkiri ana i te pōro i ēnei rā
There are only a handful of players who torpedo kick the ball these days

Ki te kōkiri mai ngā kaipare, me whana aweawe me whana ripi rānei ki muri i a rātou
If the defenders rush forward, pop a chip kick or a grubber kick in behind them

Mā te haika te haurua tuarua e tīmata
The fullback will kick off the second half

Ko Colin Meads te kaiwhītiki rongonui o Aotearoa
Colin Meads is the most famous lock in New Zealand

Ko Jonah Lomu te paihau rongonui o te kapa Ō-Pango mai, mai, mai
Jonah Lomu is the most famous All Blacks winger of all time

Kāore he painga i a Waka Nathan hei poutaha kūiti
There was no better blindside flanker than Waka Nathan

Me pakari tō hanga mō te tūranga poutuki
You need to be very strongly built to play prop

Neke atu i te kotahi rau kirokarāmu te taumaha o te nuinga o ngā poumuri i ēnei rā
Most backs are heavier than 100 kg nowadays

Titiro ki te tāroaroa o tō rātou topapū!
Look at how tall their centre is!

Ki te angitu tēnei whana whakaū, ka toa rātou
If this conversion goes over, they will win

Taukuri ē! I tuki ki te kaho!
Oh no! It hit the crossbar!

Ko tāu mahi he kukume i te hoariri ki a koe, kia wātea ai te ara ki ō hoa
Your job is to attract the opposition to you, so the space opens up for your teammates

Me whakapiri atu ki te kaikawe pōro
Stick close to the ball carrier

Kei te māhurehuretia tō tātou rangapū poumuri
Our backline is getting cut to pieces

Kei te hōpuni rātou ki tō tātou rohe
They are camping out in our half of the field

Kei te hāmene te kaiwawao i ō tātou poumua mō te hē o te kōtui i ngā taupuru!
The referee keeps penalising our forwards for incorrect binding in the scrums

E tata ana tēnei taupuru ki te paetaha
This scrum is close to the sideline

E rua tekau mita i te weheruatanga, rohe Ō-Pango
20 metres from the halfway in All Blacks territory

Kua ahu atu ki te taha kūiti
They take it to the blindside

Puta atu ki ngā poumuri ināianei
It's out in the backline now

E makamakahia ana me he rīwai wera
They are throwing it around like it's a hot potato

Kua pūrere atu te toparua
The second five-eighth has busted clear

Ka karo i te haika
He beats the fullback

Ka maka atu ki tōna kaihautū
He passes to his captain

Kua piro anō te kapa Ō-Pango!
The All Blacks score again!

E hurō ana rātou i te nohoanga kaiwhakaako
They're cheering in the coaches' box

Taihoa e umere, kua hāmenetia ia mō te tororua!
Don't cheer just yet, he has been penalised for a double movement

He whana teitei ki te rangitūhāhā
A huge bomb up into the heavens

Kua taka whakamua i te haika
It's been knocked on by the fullback

Kua mau ake i a Hosea Gear
Hosea Gear has picked it up

He wheta, he perori, he hōkaikai
A sidestep, a swerve, a goose-step

Kua eke panuku ia ki raro i ngā pou
He scores under the posts

Kua haria a Rīhari ki te pae hūtoto
Richard has been taken to the blood bin

I ahatia?
What happened?

I rutua tana māhunga
Head-high tackle

Kei te pai ia?
Is he okay?

Āe, ka hoki anō ia ki te pae o te riri ākuanei
Yes, he will be back out on the battlefield soon

Kei te tākaia tana māhunga kia mutu ai te rere a toto
His head is being bandaged up to stop the bleeding

Kua kawea atu ia mā runga kauamo
He has been carried off on a stretcher

Auē, he aha te mate?
Oh my gosh, what's wrong with him?

Kua whara ngā wheua ngohe o tōna pona matau
He has injured the cartilage in his right knee

Kāore e kore ka hāparaparatia
No doubt it will require an operation

E hōhā ana mātou i te hingatanga o ngā taupuru
We are getting sick of all the collapsed scrums

Me kaua e whana ki waho, he tāroaroa rawa tō rātou āpititū
Don't kick the ball out, their lineout is too tall

Meneti whakamutunga tēnei, me whana teitei ki te rohe poimate kia eke panuku ai!
This is the last minute, put a bomb into the in-goal area to score a try!

Kāore rātou i makamaka i te pōro
They didn't pass the ball around

Te āhua nei, he whana i te pōro tā rātou mahere
It was as if their plan was to kick it

Kei te whakangā a Waikite ā tērā wiki
Waikite has the bye next week

Ko Mātene te kaihautū i te kapa
Martin is the captain of the team

Kaua e whana, me whakaoma kē!
Don't kick it, run it!

Kaua e maka, me whana!
Don't pass it, kick it!

I toa tonu mātou, ahakoa te kaiwawao
We still won despite the referee

Nōku tēnā poraka kōwhai me te pango e mau nā koe
That's my yellow and black jersey you are wearing

Kei reira!
He's in!

Tē aro i a ia
He has got no idea

Ko te wawata kia uru te kapa Ō-Pango ki te whiringa toa o te whakataetae Ipu o te Ao
It is hoped that the All Blacks will make the final of the World Cup.

Te ngeri a Te Rauparaha/Te Rauparaha's haka

Before each international rugby match the champion All Blacks rugby team performs the haka. It is well known throughout the world and is a strong symbol of the indigenous Māori culture of Aotearoa New Zealand. Composed by Ngāti Toa Rangatira chief Te Rauparaha in the 1820s, it encapsulates some of the themes of war: uncertainty, life, death, evading your enemies and heroism.

According to tradition, Te Rauparaha was being pursued by war parties from the tribes of Ngāti Maniapoto and Ngāti Tūwharetoa. They wished to exact revenge for a defeat they had suffered at his hands some years before. Te Rauparaha fled to the western shores of Lake Taupō and asked local chief Te Wharerangi for protection. Te Wharerangi permitted Te Rauparaha to hide in a kūmara pit. He then asked his wife Te Rangikoaea to sit over the pit. This was done because of the neutralising effect that she as a woman had on various incantations.

As the pursuing enemies entered the village of Te Wharerangi they were heard chanting their incantations. Te Rauparaha felt sure he was doomed and muttered the words, 'Ka mate, ka mate!' ('I die, I die!'). He heard one of his pursuers, Tauteka, asking Te Wharerangi where he was. Te Wharerangi replied that he had long gone, heading south towards Rangipō, causing Te Rauparaha to utter the words, 'Ka ora, ka ora!' ('I live, I live!').

Tauteka and his men were not convinced however, and Te Rauparaha gloomily said again, 'Ka mate, ka mate!' Eventually, they were persuaded by Te Wharerangi (said to be a hairy man hence the reference to a 'tangata pūhuruhuru' in the words of the haka) to head towards Taranaki where Te Rauparaha would undoubtedly seek refuge, and so Te Rauparaha whispered, 'Ka ora, ka ora! Tēnei te tangata pūhuruhuru nāna nei te tiki mai i whakawhiti te rā' ('I live, I live! For this is the hairy man who has fetched the sun and caused it to shine on me again').

As his pursuers left the village of Te Wharerangi, Te Rauparaha emerged from the kūmara pit. As he climbed out he said, 'Upane, upane! Upane, ka upane, whiti te rā!' (I take my steps out to freedom, to where the sun shines on me once again!') According to ancient accounts, after emerging from the pit, Te Rauparaha then performed his famous haka to Te Wharerangi, Te Rangikoaea and the rest of the village:

Ka mate, ka mate	I die, I die
Ka ora, ka ora	I live, I live
Ka mate, ka mate	I die, I die
Ka ora, ka ora	I live, I live
Tēnei te tangata pūhuruhuru	Behold! There stands the hairy man
Nāna nei te tiki mai i whakawhiti te rā	Who will cause the sun to shine
Upane! Upane!	One upward step! Another upward step!
Upane! Ka upane!	One last upward step! Then step forth!
Whiti te rā!	Into the sun, the sun that shines!

So there you have it, a woman played a major role in the composition of the most famous haka of them all. Actually, Māori women are pretty outstanding rugby players too. The New Zealand women's rugby team, called the Black Ferns, won the World Cup in 1998, 2002, 2006 and 2010, and I'm quite sure e hoa mā there will be many more titles to add to that tally in the years to come, ūhia tō whare ki runga i tērā, you can bet your house on that one!

This demonstration of *mana wahine* or female prowess by Māori women in rugby is a fairly recent phenomenon. The game that initially captured the interest of Māori women was netball. Netball was introduced to New Zealand as 'women's basketball' around 1906/07 by Rev. J C Jamieson. The first national tournament was held in 1926 and the first national team was formed in 1938.

They toured Australia and their captain was Margaret Matangi from the Te Ātiawa tribe.

Poitarawhiti/Netball

Pari tākaro	*Bib*
Huripi	*Pass off (Start off)*
Tūpana	*Bounce*
Maka	*Pass*
Maka tūpana	*Bounce pass*
Maka uri/Maka poto	*Short pass*
Maka whiwhi	*Free pass*
Maka whiu/Maka hāmene/ Maka tautuku	*Penalty pass*
Maka poho	*Chest pass*
Maka paetaha	*Throw in*
Tītere	*Shoot/shot*
Tītere tautuku	*Penalty shot*
Hopurua	*Replayed ball*
Tauhone	*Throw up/Toss up*
Paihau pare	*Wing defence*
Paihau tuki	*Wing attack*
Poupare	*Goalkeep*
Maru ūhanga	*Goal defence*
Poutuki	*Goal attack*
Ringa tītere	*Goal shoot*
Tukuahi/Topapū	*Centre*
Pūtahi	*Centre circle*
Waenga	*Centre line*
Puku	*Centre third*
Tawhā tītere	*Goal third*
Rohe tītere/Rohe keo	*Goal circle/Shooting circle*
Papa tākaro	*Court*
Paetaha	*Line*
Hapa pokere noa	*Intentional foul*
Pā tinana	*Contact*
Hōtaetae	*Obstruction*
Tīmori	*Decoy runner*

I hopu, i maka hoki te topapū i a ia e tākawe ana
The centre caught and passed while in mid-air

Kei te rere tāwhana ia
She is running a curve

Me punga tētahi waewae ka takahurihuri ai
One leg remains planted and then you pivot

Ka tīmata anō i te maka pūtahi
Play restarts with a centre circle pass

Kaua e tū tekoteko noa, me hikohiko i ngā wā katoa
Don't just stand in one place, move continuously

Me maka ki mokowā kia whai hua ai
Pass into space and reap the rewards

He reo rotarota tō tēnā kapa, tō tēnā kapa, kia mōhio ai rātou āhea makaia ai te pōro
Each team has hand cues so they know when exactly to pass the ball

Ki te puta te pōro ki waho, mā te maka pūtahi, te maka whiwhi, te maka paetaha rānei e timata anō ai
If the ball goes out of court, play starts again with a centre circle pass, a free pass or a throw in

He toki tō rātou ringa tītere, nō reira kia rua ngā kaiārai i a ia, nē?
Their shooter is excellent, so we are going to put two defenders on her, okay?

Mere, ka oma koe ki waenganui hei tīmori, engari e kore koe e whiwhi i te pōro
Mere, you will run in between as a decoy but you won't receive the ball

Kei te maka rātou i tawhiti ki te rohe keo
They are passing from a long way out into the shooting circle

He rawe ia ki te maka māminga
She is excellent at feigning a pass

Ki te hāmenetia tātou, ka whai maka whiwhi rātou
If we get penalised they will get a free pass

Ka tau koe ki te papa, me punga tētahi waewae, ka takahurihuri ai ki te maka
When you land one foot must be planted as you look to pass

Ka whātoro atu a ia mō te pōro, engari i hihipa, ka hinga
She lunged for the ball, but missed and fell

Me whanga ka hopu ana koe i te pōro
Make a long stride while keeping one foot planted when catching the ball

E whai ana rātou i te kura horahora
They are using a player-on-player defence strategy

Kei te tūngutu ā rohe rātou
They are playing a zone defence

Kei roto kē ia i te toru putu, me hāmene i a ia mō te hōtaetae
She is within the three-feet radius, she should be penalised for obstruction

Kaua e wehe atu i tō rohe tākaro, nē?
Don't move out of your zone, will you?

He aha i kore ai?
Why not?

Kei hāmenetia koe!
Or you'll get penalised!

Me maka runga māhunga kia rere tawhiti ai
Throw an overhead pass for distance

I te wā o te maka hāmene, me tū koe i te taha o tō hoariri
During a penalty pass, you must stand beside your opponent

He tauhone kei te haere
Looks like that will be a toss up

Kei hea te pōro?
Where is the ball?

Anei, anei!
Pass it to me/Here, here!

He manu pīrere noa iho ia
She is a rookie

He ihu hūpē rātou
They are very inexperienced

Sports 141

E hē, kua ika a Whiro kē
No, they are veterans

Kua hē ngā rā o terā!
She is past it/too old!

Let's head to New Zealand's most popular summer sport now: cricket! Now, Māori and cricket . . . some would say the two don't mix. There have been some good Māori players over the years, but unfortunately few and far between. It's not as if we aren't interested in cricket, we call the national team *Pōtae Pango* or Black Caps! The experts have analysed long and hard as to why Māori would rather watch cricket than play it . . . is it the long hours in the hot sun, is it that damn hard ball they use, is it because an all out attack attitude isn't really suited to a game where you are supposed to spend four or five hours blocking, and blocking, and blocking to 'build' your innings! Maybe the advent of 20/20 cricket will see more Māori players involved. Here's hoping because in my humble opinion they have the natural ability and flair to be great at just about every sport going.

Kirikiti/Cricket

Tautopenga	*Wicketkeeper*
Kaiepa	*Bowler*
Kaipatu/Kaihahau	*Batsman*
Ringa tārake/Kaihopu	*Fielder*
Huarua	*Allrounder*
Tā	*Drive*
Kaurori	*Hook*
Hōripi	*Cut*
Kaupare	*Block*
Kōripi	*Slip*
Kōripi wae	*Leg slip*
Raenga	*Point*
Matārua pū	*Cover*
Matārua	*Extra cover*
Matārua tata	*Short extra cover*
Matārua mamao	*Deep extra cover*
Matara taha wae	*Long on*
Matara taha ātea	*Long off*
Wae tapawhā	*Mid-wicket*

Wae tapawhā mamao	*Deep mid-wicket*
Wae kaokao	*Square leg*
Wae kaokao muri	*Deep square leg*
Waehihi mamao	*Deep fine leg*
Waehihi tata	*Short fine leg*
Tārake	*Sweeper*
Taha wae	*Leg side*
Taha ātea	*Off side*
Whiro/Rākau	*Cricket bat*
Komonga hahau	*Batting glove*
Parewae	*Pads*
Paretā	*Shin pad*
Pare kikowhiti	*Forearm pad*
Pātū kanohi	*Face guard*
Pōtae mārō	*Helmet*
Tumu	*Wicket*
Tumutumu	*Wickets*
Pākai raho	*Box*
Epa	*Bowl*
Epa tūpana	*Bouncer*
Epa rere	*Fast bowl*
Epa maurua	*Seam bowl*
Epa akitō	*Slow bowl*
Epa tāwhirowhiro	*Spin bowl*
Epa tātaha whakaroto	*In-swinger*
Epa tātaha whakawaho	*Out-swinger*
Epa tāwhiro wae	*Leg-spinner*
Epa tāwhiro ātea	*Off-spinner*
Epa ātea	*Off-break*
Paiepa	*Over*
Paiepa omakore	*Maiden over*
Haukuru	*Smash*
E waru pū	*Out for a duck*
Pātanga	*Boundary line*
Wī	*Crease*
Wī epa	*Bowling crease*
Pūrangiaho	*Sightscreen*

Sports 143

Whakawhiti	*Cross*
Paturua	*Double hit*
Hemi	*Extra*
Tuku hē	*No-ball*
Ripiwae	*Leg bye*
Pahemo	*Overthrow*
Tau toharite	*Average*
Auau oma	*Run rate*
Pāpātanga paiepa	*Over rate*
Hinganga kaipatu	*Fall of wicket*
Ninipa	*Hit wicket*
Hinga	*Bowled*
Hopu	*Catch/Caught*
Wae tuki	*Leg before wicket (LBW)*
Ngohi	*Wicket (batsman)*
Whakatara/Whakatea	*Sledge*

Ki te kore e taea e koe te pōro te patu, waiho!
If the ball is too difficult to hit, leave it!

He kaiepa toa ia
He is a fantastic bowler

Ki te kore ngā kaihahau tuatahi e kohi oma, kua raru tātou
If our frontline batsmen don't score runs we are in trouble

Ko Richard Hadlee te tino o ngā huarua i tōna wā
Richard Hadlee was the best allrounder of his time

I taea e ia te epa tātaha whakaroto, whakawaho hoki
He was able to bowl in-swingers and out-swingers

He kaha nōna ki te patu ki te taha ropi
He is very strong on the off side

Me whakatū matārua mamao, matārua, matārua tata hoki hei ārai i tērā
Position a deep cover, a cover and a short cover to defend that

Me whakatū raenga hoki?
Do we need someone at point as well?

Raenga mamao, āe
Deep point, yes

I hinga pēhea koe?
How did you get out?

I hinga au i te epa a Michael Holding
I was bowled by Michael Holding

I hopukina au e te tangata i wae kaokao muri
I was caught by the person at deep square leg

I ngana au ki te patu epa tūpana
I tried to hit a bouncer

I rere ki runga ake i a au
It flew directly above me

Nā te tautopenga i hopu
The wicketkeeper caught it

Nā te aha koe i hinga ai?
What caused you to get out?

Nā taku hīkaikai
My impatience

Nā te epa tāwhiro wae a Shane Warne
The leg-spinner from Shane Warne

E hoa, me arotahi ō epa katoa ki ngā tumu
My friend, all your deliveries need to be at the stumps

Kei te pīrangi mātou kia oti i a koe he paiepa omakore
We need you to bowl a maiden over

Tekau mā rima ngā hemi hei tāpiri atu ki te tatau a Rotorua
There are 15 extras to add on to the tally of Rotorua

Ko te nuinga o ngā hemi nei, he tuku hē
Most of these extras are no-balls

He iti noa iho ngā hipa me ngā ripiwae
There are very few byes and leg byes

He tohu tērā i tino pai te mahi a te tautopenga
That's a sign the wicketkeeper played very well

Whitu ira kati rima te auau oma kia toa ai
The run-rate required to win is 7.5

Sports 145

Ia epa kotiti, haukuruhia atu!
Every loose delivery, smash it!

Kaua e wareware ki tō pākai raho
Don't forget your box

Kua patua tērā ki tua o tāwauwau
He's hammered that into oblivion

Poto rawa tērā epa, nā whai anō i kaurorihia ai
That delivery was too short, that's why he hooked it

Kua kaurorihia atu ki tua o te pātanga mō te ono!
He's hooked that over the boundary for six

Ātaahua hoki tana tā i tērā mō te whā
That's a lovely drive for four

E tika ana kia kaupare noa atu ia i tērā epa
He had to play defensively to that delivery

Cricket is well known for *whakatea* or sledging. There have been many instances of players trying to get the upper hand on each other by making humorous or derogatory comments to the opposition in order to upset them mentally. Keep these in your *pūkoro hope* or your hip pocket for the next time you want to sledge someone on the sports field!

> Ko Viv Richards, toki nō te kapa West Indies te kaihahau, ko Greg Thomas o Ingarangi te kaiepa. E hia kē nei ngā epa i hipa i te whiro a Richards, ka mea a Thomas ki a ia, 'Kia mōhio noa mai koe, he whero, he porohita te mea nei.' Te epa i muri iho, ka haukuruhia atu e Richards ki tua o tāwauwau, kātahi ia ka kī atu ki a Thomas, 'E mōhio ana koe ki tōna āhua, haere ki te kimi!'
>
> *The great West Indian batsman Viv Richards was at the crease, Greg Thomas of England was the bowler. Richards had played and missed at numerous deliveries, so Thomas decided to make a comment, 'In case you were wondering, it's red and round.' Richards hammered the very next ball out of the park, then said to Thomas, 'You know what it looks like, now go find it!'*

E epa ana a Glenn McGrath o Ahitereiria ki te kaihahau tekau mā tahi o Zimbabwe, ki a Eddo Brandes. Tino koretake a Brandes, kāore i te paku kātata tana whiro ki te pōro, ka hōhā a McGrath ka kī, 'He aha te take e wheti nā koe?' Tere tonu te whakautu a Brandes, 'Nā te mea, kia mutu tā māua ko tō wahine moe tahi ka homai e ia he pihikete!'

Australian Glenn McGrath was bowling to the Zimbabwe number 11, Eddo Brandes. He was quite frankly useless and not able to get his bat anywhere near the ball, causing McGrath to get quite irritated and say, 'Why are you so fat?' Quick as a flash, Brandes replied: 'Because every time I make love to your wife, she gives me a biscuit.'

Ka eke a Ian Botham, toki o te kapa o Ingarangi, ki runga i te papa tākaro, ka tae atu ki te wī ki te whakarite mō te epa tuatahi ki a ia, kātahi ia ka rongo i te reo o te tautopenga o te kapa o Ahitireiria, arā, o Rod Marsh e hāparangi atu ana i muri ki a ia, 'Ian, kei te pēhea tō wahine me aku tamariki?'

The legendary English player Ian Botham strode onto the pitch and took guard at the crease to face his first delivery, when he heard the Australian wicketkeeper Rod Marsh calling out from behind him, 'Ian, how's your wife and my kids?'

Māori language tends to be quite direct when it comes to responding to whakatea or gibes of any kind. If Ian Botham was a Māori language speaker, he may have replied in one of the following ways to Rod Marsh's comment:

Ākene koe i a au!	*You'll get it if you're not careful!*
Tō koito!	*Stuff you/Up yours!*
Hei aha tāu!	*Never mind yours!*
Tō tenetene!	*Shut up bitch!*
Engari mō tēnā!	*That'll be the day!*
Tō moho!	*Dickhead!*
Kai a te kurī!	*Lowlife!*
I ō moemoeā!	*In your dreams!*

Okay, that's enough of that . . . for now. Let's move on to . . . the golf course! Now golf is a much-loved pastime of the Māori people. It was introduced to us in 1897 by Kurupō Tāreha of the Hawke's Bay area after his return from Queen Victoria's diamond jubilee in England. Why was he invited to her jubilee, you may ask? Well, according to records, Kurupō was a prominent member of Hawke's Bay society, a member of various sports clubs, the Hawke's Bay Agricultural and Pastoral Society and the Scinde Masonic Lodge, and so, as a reward for the loyalty of Kurupō and the Tāreha family to the community, he was selected to travel to England with New Zealand's diamond jubilee contingent. While he was there, he played a round of golf at the majestic St Andrew's course, and the rest, as they say, is history! Māori love this game so much that it was once described by esteemed elder Te Ao Pēhi Kara as, 'te tākaro a ngā ariki', 'the game of the gods'! And we have produced a couple of Māori golfing gods throughout the years too, Michael Campbell of the Ngāti Ruanui and Taranaki tribes won the US Open in 2005, and Phillip Tataurangi of Ngāti Maniapoto descent was the leading amateur at the world amateur team championship in 1992. Happy golfing e hoa mā!

Haupōro/Golf

Kotahi atu	*Hole-in-one*
Toroa	*Albatross*
Kārearea	*Eagle*
Teo	*Birdie*
Ūhau/Eke panuku	*Par*
Aeha	*Bogey*
Nape	*Air shot*
Paturua	*Double hit*
Kōripi whakaroto	*Hook*
Kōripi whakawaho	*Slice*
Poikurukuru	*Divot*
Tīhoka	*Tee (tee-off area)*
Tī	*Tee (ball-holder)*
Haukuru	*Drive*
Haurewa	*Chip*
Rua/Kōhao	*Hole*
Raorao	*Fairway*
Āpure tīpao	*Green*
Kiri whakatara	*Hazard*
Pōrea kiri/Onepū	*Bunker*
Kua puta ki waho	*Out of bounds*
Manga	*Stream*
Pouwaha	*Caddy*

Pūkoro haupōro	*Golfbag*
Rākau haupōro	*Golf clubs*
Haukuru tahi	*One wood/Driver*
Haukuru toru	*Three wood*
Rino	*Iron*
Tīpao	*Putter*
Tohurehe	*Handicap*
Tapeke hahau	*Stroke play*
Rae ki te rae	*Match play*
Papatairite	*Flat*
Pāhikahika	*Uneven*
Pukepuke	*Hilly*
Taiheke	*Slope downwards*
Taipiki	*Slope upwards*
He maha ngā rākau	*A lot of trees*
Nō Parawhenuamea	*A lot of water*
Maroke	*Dry*
Mākū	*Wet/Damp*
Driving range	*Whaitua whakawai*

He aha tō tohurehe?
What is your handicap?

E toru
I am on a three

Whoa, he tino toki koe, nē?
Whoa, you're pretty awesome then, eh?

Whakamahia tō rino rima i konei
Use your five iron from here

Engari kotahi rau, toru tekau ma rima mita noa iho te tawhiti ki te rua!
But it's only 135 metres to the hole!

Āe, engari he haupāuma e pupuhi mai ana!
Yes, but there is a headwind!

Āta titiro ki te pōro kei nape
Eyes on the ball or you will have an air shot

Me tohunga koe ki te tīpao, kei reira katoa!
Make sure you're excellent at putting, that's where it's at!

I pēhea tō tākaro i te rā nei?
How was your game today?

Kāore au i waimarie i ngā āpure tīpao i te rā nei
I had no luck at all on the greens today

Ānō nei kātahi anō māua ko taku haukuru ka tūtaki
It was as if my driver and I had just met!

Koretake aku hau poto i te rā nei
My short game was terrible today

Kei te porowhiua aku rākau ki te moana!
I am throwing my clubs in the lake!

Tino pai, kotahi ki raro i te kāri
Really good, I finished one under

Tōna pai, e toru ki runga i te kāri taku tatau
So-so, my final score was three over

He aha tō tatau?
What was your score?

Whitu tekau ma waru, me tāu?
78, and yours?

Waru tekau mā tahi, engari i aeha i a au te tekau mā waru!
81, but I bogeyed the eighteenth

I teo i a au tērā kōhao ahakoa i roto au i te onepū
I birdied that hole even though I was in the bunker

He maha ngā kiri whakatara o tērā rua, nē?
There are a lot of hazards on that hole, aren't there?

He manga kei te mauī, he onepū kei te katau
A stream on the left, bunkers on the right

Ko te tohutohu a taku pouwaha, me tau ki te raorao
My caddy's advice was to hit the fairway

I tau taku pōro ki te raorao, engari i ū ki rō poikurukuru
My ball landed in the fairway, but ended up in a divot

Auē, te kino hoki o tēnā māhorotanga!
Oh no, that's extremely bad luck!

Nā konā anō i kōripi whakawaho ai au i taku tuarua ki ngā rākau!
That's why I sliced my second shot into the trees!

Mea rawa ake, kua aeha!
The next thing I know, I get a bogey!

I wāu nei hoki, e hoa!
Oh, I feel so sorry for you mate!

I rongo koe mō Rāwiri?
Did you hear about David?

Kāo, he aha te kōrero mōna?
No, what's the news about him?

Kotahi atu, i te rua tuawaru!
Hole-in-one on the eighth!

Whakamutua atu!
No way!

Rua rau mita te tawhiti o tērā kōhao!
That hole is 200 metres long!

He aha tana rākau i reira?
What club did he use there?

Haukuru toru, kotahi tarapeke, ka ngaro ki roto i te rua
Three wood, one bounce, disappeared into the hole

I puta tāku ki waho i tērā kōhao
Mine went out of bounds on that hole

Koirā te mea hei whakatūpato, kei puta ki waho!
That's what you have to be careful of, the out of bounds!

Kua tākaro koe ki Gulf Harbour?
Have you played at Gulf Harbour?

Kāore anō, he pēhea tērā papa?
Not yet, what's that course like?

Nō Parawhenuamea
There is lots of water

He pukepuke rawa
It's too hilly

Mēnā he ūhau whā te kōhao, me tae atu tō hahau tuarua ki te āpure tīpao
If the hole is a par 4, your second shot is supposed to land on the green

He aha tāu i reira?
What did you score there (on that hole)?

E hia āu i tērā kōhao whakamutunga?
What did you score on that last (previous) hole?

E ono
Six

He aeha
Bogey

He ūhau
Par

So I guess that's the main sports of Aotearoa covered. Keep in mind that almost all of the words and phrases used in rugby will be transferable to the rugby league field. And there will be many other words and phrases listed in this section that will be relevant and usable across all sporting codes.

Here's a little story that may encourage you to speak Māori on the sports field. My older brother and my cousin were playing partners in a local golf competition a few years ago. They were playing the favourites in the final. While in the changing room preparing for the 'huge battle' in front of them, they decided that they would speak Māori on the course so the opposition wouldn't know what clubs they had used for their shots and what their strategies were for each hole. So their conversation kind of went like this, 'Ko te rino rima te rākau tika mō konei.' 'Five iron is the right club to use here.' They went on to win the match three up! I always like to remind them, 'Nā te reo Māori kōrua i toa ai rāua!' 'It was because of the Māori language you two were victorious!' So making calls in Māori can be beneficial to your team, concealing your strategies and giving you the element of surprise. Let's take a look at some other sports and how we can use Māori language to advance the cause.

Mekemeke/Boxing

Meke	*Punch*
Moto	*Blow*
Tākiri	*Jab*
Whatīanga	*Hook*
Whatīanga mauī	*Left hook*
Whatīanga katau	*Right hook*
Ripa	*Uppercut*
Ngunu	*Bend/Crouch*
Kaupare	*Defence*
Ringa ki runga	*Keep your hands up*
Whakahengi	*Light feet movement*
Waewae taumaha	*Heavy feet*
Waewae kakama	*Quick feet*
Tauwhāinga/Tūāmeke	*Round*
Taura	*Rope*
Papa mekemeke	*Boxing ring*
Whare mekemeke	*Boxing gym*
Komonga mekemeke	*Boxing gloves*
Pāpare māhunga	*Headgear*
Piu	*Skipping rope*
Aupuru koko	*Corner pads*
Atarua	*Blurred vision*
Hūrori	*Stagger*
Horotete	*Knock out*
Tatau waikauere	*Count out*

Me moto taikaha i te tinana ka piki ai ki te māhunga
Land some heavy blows to the stomach then move up to the head

Kia rua ngā whatīanga mauī ki te tinana, ka ripa ake
Throw two left hooks to the body, then an uppercut

Ko tā te tākiri he whakarite mō ngā meke kaha ake
The jab is used to set up for bigger punches

E haere ana au ki te whare mekemeke, Māmā
I am going to the boxing gym now, Mum

Ō ringa ki runga i ngā wā katoa!
Keep your hands up at all times!

Ki te heke ō ringa, ka horotetetia koe!
If you drop your hands, you will get knocked out!

Makaia atu te tauera mā, kei te atarua ia
Throw in the towel, he has blurred vision

Auē, kua hūrori i tērā moto!
Oh, that blow has made him stagger!

E hau atu ana ia ki te whakamutu ināianei!
He is charging in to finish it now!

Whano! Kia motu te taka o te roi!
Charge! Take no prisoners!

Ko tā Mike Tyson i a ia e mekemeke ana, he ngunungunu
Mike Tyson would employ a peek-a-boo when he fought

He aha ai?
Why?

Kia kore ai ia e mekea
So he wouldn't get hit

Kia uaua ai te meke i a ia
So it would be difficult to hit him

He tikanga wawao, he tikanga kaupare
It's a defensive technique

Kia kakama ake ō waewae
Your footwork needs to be quicker

Waewae taumaha, kiri mākū
Heavy feet will lead to your skin being drenched in your own blood

Kei mau koe ki te aupuru koko
Don't get trapped on the corner pads

Me ūtoka ki waenga i te papa mekemeke, ka ahu whakamua ai!
Stay steadfast in the centre of the ring and keep moving forward!

Kawea ake te whawhai ki a ia!
Take the fight to him!

Kaua e mate wheke, me mate ururoa!
Don't concede like the gutless octopus, fight to the end like a shark!

E neke, e neke, kaua e tū ki mua i a ia!
Move, move, don't stand in front of him!

Nā te rautaki tārore pouāwai i hinga ai a George Foreman i a Muhammad Ali
Muhammad Ali gained victory over George Foreman by using the rope-a-dope strategy

Tēnehi/Tennis

Tāmua	*Forehand*
Tāmuri	*Backhand*
Pao taka	*Drop shot*
Tīkoke	*Lob*
Kuru	*Smash*
Kaku	*Half-volley*
Tōhipa	*Passing shot*
Tuku	*Serve*
Tukutahi	*First serve*
Tukurua	*Second serve*
Tuku kaku	*Underarm serve*
Whakahoki	*Return*
Kaituku	*Server*
Kaiwhakahoki	*Receiver*
Poko	*Ace*
Hapa	*Fault*
Haparua	*Double fault*
Tau tapa	*Line ball*
Kairota	*Linesman*
Kaiwawao	*Umpire*
Kei waho	*Out*
Kei roto	*In*
Mātiratira	*Net*
Whakawhiti pito	*Change ends*
Tūākari	*Set*

Haupārua	Deuce
Tata kaikape	Game point
Tata tūākari	Set point
Tata eke panuku	Match point
Tuku mātātahi	Tie breaker

He kaha tana tāmua
His/Her forehand is very strong

Patua tō tuku tuatahi ki tana tāmuri
Hit your first serve to his/her backhand

Kia tūpato mō ana pao taka
Be careful of his/her drop shots

Kei te pai, ka mahi tīkoke au
No worries, I will play a lob shot

Me pai te tīkoke kei kurua e ia!
It had better be a perfect lob or he'll smash it!

Whakarite mai koe mō tētahi tuku tino tere!
Prepare yourself for an extremely fast serve!

I rere ki waho!
It went out!

Roa rawa!
Too long!

He haparua kei te haere ake!
I can feel a double fault coming on!

Hoihoi tō waha!
Shut your mouth!

Anei tō kai!
Here comes your punishment!

Auē! He poko!
Oh no! An ace!

Kua pokoa ahau!
I have been aced!

E mea ana te kaiwawao i tau tapa, engari mō tēnā!
The umpire says it landed on the line, but that's completely wrong!

I pā tana tuku tuarua ki te mātiratira!
His second serve touched the net!

He kaku kāore i whakahokia e ia
He couldn't return the half-volley

He kaku nā Federer, he tāmua anō nā Nadal
Federer picks up the half-volley, forehand again from Nadal

Kua whakatata atu a Federer ki te mātiratira
Federer approaches the net

Nadal me te tāmuri tōhipa
Nadal with a backhand passing shot

Kua kurua e Federer!
Smashed by Federer!

Tūākari tuawhā ki a Federer
The fourth set goes to Federer

Me whakawhiti pito rāua
They will change ends now

Tauomaoma hōiho/Horse racing

Hōiho	Horse
Tāriana	Stallion
Tāriana poka	Gelding
Uwha	Mare
Tauwhāinga	Race
Tauomaoma	Race
Papa tauomaoma hōiho	Track
Toitoi	Trotting
Hōkarikari	Pacing
Hārapa/Taioma	Gallop
Oma tauārai	Steeplechase
Mākū	Damp
Kūrarirari	Sodden/heavy
Maroke	Dry

Mārō	*Hard*
Papa ahu matau	*Right-handed track*
Papa ahu mauī	*Left-handed track*
Korowhiti	*Barrier*
Ngapunga	*Starting gate*
Taukamo	*Blinkers*
Kaieke	*Jockey*
Kaieke ihupuku	*Apprentice*
Pae Takiari	*Tote*
Whare Takiari	*TAB*
Takiari/Peti	*Bet*
Takiari raupapa	*Combination bet*
Takiari māngari	*Easy bet*
Karapiti	*Each way*
Kia toa	*To win*
Ki te ihu	*On the nose*
Tātoru	*Trifecta*
Tātoru pokapoka	*Box trifecta*
Tārua	*Quinella*
Tātoru ahu tengi	*Treble*
Tārua ahu tengi	*Double*
Rauru	*Field bet*
Makau	*Favourite*
Toa	*Winner*
Tuarua	*Second*
Tuatoru	*Third*

Anei te kupu whakamahiri o te wā
Here is the tip of the day

I whakatipuria mai ia i ngā mahi tauomaoma hōiho
He/She was brought up in the horse-racing world

Ko Rehutai te makau mō tēnei tauwhāinga
Rehutai is the favourite for this race

Tātoru koa, tahi, whitu me te tekau mā iwa
Trifecta please, 1, 7 and 19

Tātoru pokapoka koa, tahi, rima, whitu
Box trifecta please, 1, 5 and 7

Kāore a ia i te rata ki te papa ahu matau
He (that horse) doesn't like a right-hand track

Pai ake ki a au te whaiwhai i ngā hōiho hōkarikari i ngā hōiho hārapa
I prefer to follow the pacers rather than the gallops

Me aha tēnei rima tekau tāra āku?
What shall I do with this $50 of mine?

Tukuna ki te ihu e hoa!
Put it on the nose, mate!

Me mahi takiari raupapa rānei?
Or shall I take a combination bet?

E kūrarirari ana te papa, whāia a Maestro!
The track is heavy and sodden, put your money on Maestro!

He aha ai?
Why?

He tino kaingākau nōna ki te mākū!
He just loves the wet conditions!

Kia tere! Kei te uruuru rātou ki te korowhiti!
Hurry up! They are loading into the barrier!

Homai tō tekau tāra, ka karapititia ki runga i a Tomb Raider!
Give me your $10, I'll put it each way on Tomb Raider!

Hei aha te karapiti, ūhia kia toa!
Never mind each way, put it on to win!

Ka ngaro tō pūtea
You will lose your money

Pai ake te tohatoha whānui i tō pūtea
It's better to spread your money

Nō hea hoki tāu?!
Who on earth told you that?!

Kia pai ake ai te tūponotanga mai o ngā hua!
To improve your odds!

Nō te ngākau taiātea tēnā momo whakaaro
That kind of thinking comes from the faint-hearted

Ākuni koe kai ai i tō tūtae!
Okay, you will learn the hard way!

Poitūkohu/Basketball

Kaiārai	*Guard*
Poumua	*Forward*
Poutoko	*Centre/Pivot*
Papamuri	*Backboard*
Tūkohu	*Basket*
Paetaha	*Sideline*
Paemuri	*Baseline*
Rohe tītere	*Keyhole*
Paneke	*Point*
Paneke toru	*Three-pointer*
Paneke ripi	*Bank shot*
Haukuru	*Jam/Dunk*
Whakaangitanga	*Lay-up*
Maka mahiri	*Assist*
Ārau	*Block*
Ārau hē	*Illegal block*
Pōkai	*Travelling*
Tūpanapana/Pātinitini	*Dribble*
Tūpanapana whakawhiti	*Crossover dribble*
Tūpanapana rua	*Double dribble*
Tauwhati	*Fast break*
Tāwhaki/Tūrapa	*Rebound*
Māminga	*Fake/Feint*
Ārai taurua	*Double team*
Hara	*Foul*
Hara tinana	*Personal foul*
Hararua	*Double foul*
Hapawene	*Multiple foul*
Pae hara	*Foul line*
Tuketuke	*Elbowing*
Whakahōtaetae	*Obstruction*
Tītere pātea	*Free throw*
Kura horahora	*Full court press*

Tūmātakitahi	*Man-on-man*
Tauhonehone	*Jump ball*
Taupua	*Time out*
Matawā tītere	*Shot clock*
Wā tāpiri	*Extra time*

Tokorua ngā kaiārai kei te nuinga o ngā kapa
Most teams have two guards

He kaiārai ārahi, he kaiārai tītere
A point guard and a shooting guard

Koia te poumua kauneke
He is the power forward

I te nuinga o te wā, ko te poutoko te mea tāroaroa o te kapa
The centre is usually the tallest player in the team

Whiua ki te papamuri, māku e hopu i reira
Throw it at the backboard and I will catch it off there

Kua puta ki waho i te paetaha
It has travelled over the sideline

Me tīmata anō i te paemuri
Start again from the baseline

Me makamaka haere kia uru rā anō ki te rohe tītere
Pass the ball around until you get into the keyhole

Henare me te tītere, he paneke!
Henare with the shot, it's good (scores)!

He paneke toru te hiahia kia toa tātou!
We need a three-pointer to win!

Jordan ka rewa ake ki runga, haukuruhia atu!
Jordan drifts upwards and dunks it!

Ka rawe te whakaangitanga i oti i a koe!
That was a beautiful lay-up you did!

Ka rewa ake a Pippen ki te tūkohu, he whakaangi!
Pippen floats to the basket, beautiful lay-up!

Tekau ngā maka mahiri a Winitana i te pō nei
Winitana has had 10 assists tonight

Ki te hūpeke ia ki te haukuru, ārautia atu!
If he leaps up to dunk, block him!

Ki te pērā koe, ka hāmenetia mō te ārau hē
If you do it like that, you will be penalised for an illegal block

Auē, i tōna tikanga kia kaua e kitea he pōkai i tēnei taumata o te tākaro!
Oh no, you are not supposed to see players travelling at this level of the game!

Ko te mōhio ki te pātinitini te tino pūkenga
Knowing how to dribble is the important skill

Kātahi ka ako ki te pātinitini whakawhiti
Then you can learn to do the crossover dribble

Kua tauwhati mai i te rohe tītere o te hoariri
Fast break from the keyhole of the opposition

Ko tāu mahi he kohi i ngā tūrapa
Your job is to get the rebound

He māminga, he tītere, āe!
He fakes, he shoots, it's there!

Kei te whakarite ārai taurua ki a ia
They are preparing to double-team him

Ka kōkiri ki te tūkohu, kua hara!
He charges to the basket, foul!

Kāti te tuketuke i a au
Stop elbowing me

Me uru te katoa o ēnei tītere pātea kia toa!
All of these free throws need to go in to win!

E aukati ai i a rātou, me mahi kura horahora tātou
We have to do a full court press to stop them

Ki te kore e angitu tērā, me tūmātakitahi
If that doesn't work, we go man-on-man

E pau haere ana te wā i te matawā tītere
They are running out of time on the shot clock

E ōrite ana ngā tatau, wā tāpiri ināianei
Scores are locked, extra time now

Kauhoe me te ruku/Swimming and Diving

Tāhoe	*Stroke*
Kau tāwhai	*Freestyle*
Kau kiore	*Backstroke*
Kau āpuru	*Breaststroke*
Kau tāhoe	*Sidestroke*
Kau aihe	*Butterfly*
Pāhekoheko	*Medley*
Tānga	*Relay*
Tāwhaiwhai	*Move arms during swimming*
Hōkaikai	*Kick legs during swimming*
Kauhoe tukutahi	*Synchronised swimming*
Pōtae kauhoe	*Swimming cap*
Kahu kauhoe	*Swimming togs*
Kotiti	*Break lanes*
Tohu huringa	*Turning line*
Ruku	*Dive*
Ruku whakamuri	*Backward dive*
Ruku whakamua	*Forward dive*
Hāpua ruku	*Diving pool*
Kōkiri	*Diving board*
Kōkiri tiketike	*High board*
Hūpana	*Springboard*
Pōtēteke	*Somersault*
Pōtēteke muri	*Backward somersault*
Pōtēteke rua	*Double somersault*
Takaoriori	*Roll*
Takaoriori muri	*Backward roll*
Takawiri	*Twist*
Takawiri haurua	*Half-twist*
Pōtātaka	*Cartwheel*
Ine papatoiake	*Degree of difficulty*

Kei roto ia i te kau tāwhai kotahi rau me te rua rau mita
She is in the 100- and 200-metre freestyle

Ko te wahine mau pōtae kauhoe whero te toa o te kau kiore
The woman wearing the red swimming cap is the best at backstroke

Koia te kaipupuri i te wā taumata mō te kau āpuru rima tekau mita
He is the record holder for the 50-metre breaststroke

Ko te kau aihe te mahi uaua ki te ako
The butterfly is the most difficult stroke to learn

Kohia ngā toa mō te tānga pāhekoheko
Get our best together for the medley relay

I te tīmatanga o te kau kiore, ka ruku whakamuri koe
At the beginning of the backstroke, you dive backwards

Me haere tāua ki te hāpua ruku
Let's (you and I) go to the dive pool

Piki ake ki te kōkiri tiketike
Climb up to the high-dive board

Ka taea e koe te pōtēteke rua te mahi?
Can you do a double somersault?

Ka taea e au te whakaoriori muri
I can do a backward roll

Pēhea te takawiri haurua?
What about a half-twist?

Āe, engari me heke au ki te kōkiri o raro
Yes, but I should go down to the lower diving board

Kaua e pōtātaka i mua i te ruku, kei tuki tō māhunga!
Don't do a cartwheel before the dive or you will hit your head!

Anei a Te Pāiri Blake, ko tana ruku he pōtēteke rua, takaoriori, takawiri rua
Here is Te Pāiri Blake now, his dive is a double somersault, forward roll, double twist

He iwa ira kati rua, hei tā te ine papatoiake
Degree of difficulty is 9.2

Āhua kikī rawa ōna kahu kauhoe
His swimming togs appear to be a bit tight

Engari, kua oti pai tonu i a ia te ruku!
But he still pulls off the dive!

He aha te whakatau a ngā kaiwhakawā?
What do the judges have to say?

E rata ana rātou, he pai katoa ngā tatau!
They like it, all good scores!

Poiwhana/Football

Kapa Ō-Mā	*All Whites (New Zealand football team)*
Whana/Tuku	*Pass*
Hāmene/Tautuku	*Penalty*
Pae hāmene/Maru tautuku	*Penalty spot*
Rohe hāmene/Āpure tautuku	*Penalty area*
Rohe taitai	*Striking area*
Hara	*Foul*
Whiu	*Penalise*
Whana tautuku	*Penalty kick*
Whana hāmene/tautuku	*Penalty shot*
Whana hāmene autaki/ tautuku autaki	*Indirect free kick*
Whana hāmene tōtika/ tautuku tōtika	*Direct free kick*
Whana koko	*Corner kick*
Koko tautuku	*Penalty corner*
Whana tautopenga	*Goal kick*
Maka paetaha	*Throw in*
Maka hara	*Foul throw*
Whana pātea	*Free kick*
Hapa-ā-ringa	*Handball*
Tukirae	*Header*
Ruku tukirae	*Diving header*
Rutu	*Tackle*
Rutu mōrearea	*Dangerous tackle*
Poutūmārō	*Goal*
Mātiratira	*Net*

Tūahu	*Crossbar*
Paneke/Piro	*Goal (score)*
Pae paneke	*Goal line*
Whana poto	*Short ball*
Whana roa	*Long ball*
Whana whakamua	*Pass forwards*
Whana whakamuri	*Pass backwards*
Whana whakataha	*Pass across field/Cross*
Whana tāwhana	*Banana kick*
Whanawhana	*Dribble*
Aupoho	*Chest trap*
Tairere	*Striker*
Takuahi	*Centre-half*
Takuahi mauī	*Left-half*
Takuahi matau	*Right-half*
Kaiārai	*Defender*
Poumua	*Forward*
Paihau	*Wing*
Kaikōkiri	*Attacker*
Tautopenga	*Goalkeeper*
Ārau	*Save*
Tū hapa	*Offside*
Whakahōtaetae	*Obstruction*
Painga	*Advantage*
Haki kairota	*Linesman's flag*
Kāri kōwhai	*Yellow card*
Kāri whero	*Red card*

Ka uru ana rātou ki te rohe hāmene, āta rutua!
When they get into the penalty area, tackle very carefully!

Kua tū te haki a te kairota, kei te tū hapa ia
The assistant referee's flag is up, he is offside

Nō Brazil te painga, ka puta rānei he hua?
Advantage being played to Brazil, can they use it?

He whana tāwhana, kua ārautia!
A banana kick, saved!

Kei te haria te pōro ki te pae hāmene
He is taking the ball to the penalty spot

He rutu mōrearea nā te kaiārai i te tairere!
Dangerous tackle from the defender on the striker!

He whana autaki ki a Aketina
Argentina gains an indirect free kick

Kua puta ki tua o te pae paneke, whana koko ki ngā Ō-Mā
It's gone out over the goal line, corner kick to the All Whites

Winston Reid me te ruku tukirae, piro!
Winston Reid with a diving header, goal!

Anei te whana hāmene tōtika, kua tuki ki te tūahu!
Here is the free kick, it hits the crossbar!

Takuahi mauī ka whanawhana haere
The left-half dribbles it forward

Kua whana whakamuri atu ki te tautopenga
He kicks it back to the goalie

He whana roa nāna ki te rohe o te hoariri
He sends a long kick into the opposition half

Ka aupohotia e te kaiārai
The defender uses his chest to trap it

Kua ngaro i a ia te pōro
He has lost control of the ball

Kua riro i te tautopenga ināianei
The goalkeeper has it now

E āta tatari ana rātou kia hua ake he ara whai hua
They are waiting patiently for an opening

He whana poto nā te takuahi matau ki te tairere
A short pass from the right-half to the striker

Kāri kōwhai ki te haika mō te whakahōtaetae
The fullback has been yellow-carded for obstruction

He aha kē ia i kāri wherotia ai?
Why on earth was he red-carded?!

Te ngaringari a te motu/The national anthem

The national anthem of Aotearoa New Zealand is in fact a poem composed by Thomas Bracken, one of the early European settlers in this country, in 1875. His poem entitled 'God Defend New Zealand' was put to music in 1876 by J J Woods, who lived in Central Otago. The anthem was translated into Māori two years later by Native Land Court judge Thomas H Smith. Despite the Māori translation being available, only the English language version of the anthem was sung for the next 120 years, with very few New Zealanders knowing the words to the Māori version.

Then along came the 1999 Rugby World Cup in England, and up strode well-known Māori singer Hinewehi Mohi to perform 'God Defend New Zealand' before the All Blacks versus England match at Twickenham. She sang it in the Māori language only. This caused an uproar back in New Zealand, with many viewers offended and complaining that it was unsuitable and contrary because most New Zealanders did not understand, let alone speak, Māori. The All Blacks did go on to win the match against England but lost their next big game in the tournament, when they took on Australia in the semi-finals. The anthem before that game was sung in English! When asked why she had sung the anthem in Māori only, Mohi, a fluent speaker of Māori, replied, 'It seemed a perfectly natural thing to do.'

The incident provoked public agitation and argument about the national anthem but eventually support grew for the singing of 'God Defend New Zealand' in both Māori and English. Despite the furore at the time, the vast majority of New Zealanders are now quite comfortable singing their anthem in Māori and English before major sporting events.

E Ihowa Atua	*God of Nations at Thy feet*
O ngā iwi mātou rā	*In the bonds of love we meet*
Āta whakarongona	*Hear our voices we entreat*
Me aroha noa	*God defend our free land*
Kia hua ko te pai	*Guard Pacific's triple star*
Kia tau tō atawhai	*From the shafts of strife and war*
Manaakitia mai	*Make her praises heard afar*
Aotearoa	*God defend New Zealand*

Ngā wharanga hākinakina/Sports injuries

Ārai whara	*Injury prevention*
Whara	*Injured/Injury*
Tūākiri	*Wounded (in fight or battle)*
Toto	*Blood*
Marū	*Bruise*
Takoki/Tanoi	*Sprain*
Takahuri	*Twist*
Tanuku/Riaka	*Strained*
Haukume	*Pull*
Whati	*Break (of bone)*
Tīhaehae	*Tear*
Kūtoro	*Stretched*
Kounu	*Dislocate*
Kaurapa	*Cramp (in leg only)*
Hakoko	*Cramp (in general)*
Raparapa	*Ankle*
Popoki	*Kneecap*
Turipona	*Knee joint*
Io punga	*Achilles tendon*
Ateate	*Calf muscle*
Tā	*Shin*
Rīrapa/Io here kātete	*Hamstring*
Ua whā	*Quadriceps*
Kūhā	*Groin*
Hope	*Hips*
Ua puku	*Stomach muscles*
Tuke	*Elbow*
Pokohiwi	*Shoulder*
Tāhei	*Collarbone*
Kauae	*Jaw*
Tuarā	*Back*
Tuaiwi	*Discs in back*
Tiki	*Lower back*
Kakī	*Neck*
Tuta	*Back of neck*
Io here	*Tendon*

Wheua ngohe	Cartilage
Kauamo	Stretcher
Hāparapara	Operation
Rongoā	Remedy
Pāpāuku	Plaster cast
Tākai	Bandage
Haumanu/whakaoranga	Recovery
Wā haumanu/Wā whakaora	Recovery time

He tikanga ārai whara te matiti i mua tākaro
Stretching before a game helps injury prevention

Kua roa ia e whara ana
She has been injured for a long time

Unuhia tō koti, kua tūākiri a Haki
Take your jacket off, Jack is injured

He aha tōna mate?
What's wrong with him?

Te āhua nei, kua takahuri tōna raparapa
It looks like he has twisted his ankle

Tikina he kōpaka kia kore ai e pupuhi rawa
Fetch some ice to keep the swelling down

Me whakatārewa ake hoki i te waewae
Keep the leg up as well

E toto ana te ihu o Rāhera
Rāhera's nose is bleeding

I ngana au ki te wheta ka takoki i a au taku turipona
I tried to change directions and ended up spraining my knee

Kia tūpato kei tanuku tō tuarā
Be careful or you will strain your back

I te kōpere au ka tīhaea taku rīrapa
I was sprinting and tore my hamstring

He tīhae, he haukume rānei?
Is it a tear or a pull?

He mea kūtoro e ia tōna ua whā inanahi
He stretched his quadricep yesterday

I kounutia e ia tōna tāhei
She dislocated her collarbone

Kua tīhaea ngā io here o tōna turipona
He has torn the ligaments in his knee joint

Kua whara tōna popoki
He has injured his kneecap

E marū ana te karu, e toto ana te ihu, engari kei te pai ahau!
I have a black eye and a blood nose, but I'm okay!

Mō te tanukutanga o te kūhā, e ono wiki te wā haumanu
For a groin strain, you're looking at six weeks recovery time

Tokomaha ngā kaipara ka raru i te tā mātengatenga
There are many athletes who suffer from shin splints

Me hāparapara tō tuarā kia tika ai ngā tuaiwi
You need an operation to fix the discs in your back

Kāore e taea tō kakī te whakatika
There is no way to fix your neck

Me mutu tō tākaro, he mōrearea rawa ināianei
You should retire, it's too dangerous now

Kei whara kino koe
You may get badly injured

Nāwai i whara, kātahi ka whara kē atu
The injury is going from bad to worse

Kaurapa! Kaurapa!
Cramp! Cramp!

Kei hea? Kei hea?
Where? Where?

Kei taku ateate!
In my calf!

Kua roa ia e raru ana i te hakoko
He has been suffering from cramp for a long time

He rite tonu te pā o te kaurapa ki a ia
She is always suffering from cramp in her legs

14. Hunting and fishing

Aotearoa New Zealand is a mountainous country with vast tracts of land covered in native bush and pine forest. It is also surrounded by an ocean teeming with fish, so quite naturally hunting and fishing are regular pastimes. If you are fortunate enough to be taken into the mystical Urewera bush in the central North Island to hunt, or on the crystal-clear blue waters of the East Coast to fish or dive, here is a list of words and phrases that will come in handy:

Whakangau kararehe/Hunting

Kurī	*Dog*
Peketua	*Backpack*
Pūngene	*Sleeping bag*
Māripi	*Knife*
Pīauau pūkoro	*Pocket knife*
Koi	*Sharp*
Pūhuki	*Blunt*
Whakakoi	*Sharpen*
Pū	*Gun*
Pūrango	*Barrel*
Keu	*Trigger*
Ārai keu	*Trigger guard*
Matā	*Bullet*
Kopa matā	*Magazine*
Whakatina	*Safety catch*
Kerokero	*Sight*
Raparapa	*Stock*
Karera	*Forestock*
Reke	*Butt*
Pū tōriri	*Single-barrelled gun*
Tūpara	*Double-barrelled gun*
Pupuhi	*Shoot*
Whakapakū	*Fire gun in the air*
Pakunga pū	*Gunshot*
Pārure	*Target*
Haurapa	*Track*
Paparahi/Tapuwae	*Footprints/Tracks*

Ara	*Walking track*
Kōpikopiko	*Winding*
Pāhikahika	*Undulating*
Poupou	*Steep*
Pāhekeheke	*Slippery*
Kūrarirari	*Sloppy/Boggy*
Pōharu	*Mud*
Pōharuharu	*Muddy*
Ngahere/Wao	*Bush/Forest*
Ngahere paina	*Pine forest*
Koukouoro	*Dense dark bush*
Poaka puihi	*Wild pig*
Tāriana	*Boar*
Katete	*Large pig*
Punua poaka	*Baby pig*
Rei	*Tusk*
Tia	*Deer*
Pikareka	*Fallow Deer*
Karakakaho	*Fawn*
Punua tia	*Baby deer*
Kūpapa tia	*Deerstalker*
Pihi	*Antlers*
Toto	*Blood*
Upoko	*Head*
Korokoro	*Throat*
Kakī	*Neck*
Ihu	*Nose*
Waha	*Mouth*
Karu	*Eye*
Kauae	*Jaw*
Taringa	*Ear*
Waewae	*Leg*
Tinana	*Body*
Puku	*Stomach*
Whiore	*Tail*
Manawa	*Heart*
Whēkau	*Guts*

Kōpiro	*Large intestine*
Kōpiro koromeke	*Small intestine*
Tuaki	*Gut*
Tahu/Hunuhunu	*Singe*
Kaihaumi	*Poacher*
Whakahihī	*Whistle by putting bent fingers in mouth*

Kaua e haukeke pū
Guns should not be handled carelessly

Me whakahangahanga kē i te pū
Guns should be handled gently and carefully

Me haere tāua ki te ngahere ki te whakangau poaka?
Shall we go pig hunting in the bush?

Kei ngā ngahere paina ngā poaka i tēnei wā
The pigs are hanging out in the pine forest at the moment

Kei a koe tō māripi?
Have you got your knife?

He koi tō māripi?
Is your knife sharp?

Kāore he take o te māripi pūhuki!
A blunt knife is no use!

Me whakakoi au i taku māripi
I need to sharpen my knife

Tukuna ngā pū ki te taraka!
Put the guns into the truck!

I pakaru te pūrango o tāku inanahi
The barrel of mine broke yesterday

Kōroa ki te keu, pūhia atu!
Index finger on the trigger, and fire!

Kei hea te pārure?
Where is the target?

Kei waenganui i ngā mānuka
Amongst those mānuka trees

Kua āta tohua e koe tō pārure?
Have you absolutely identified your target?

Kei pūhia e koe he tangata!
So you don't shoot a human!

Kāore tērā tia i te neke!
That deer is not moving

Kei te tū noa iho ia!
He is just standing there!

Waimarie koe, he pārure pateko ia!
You're lucky, he's a static target!

Engari, ki te hapa koe, he pārure tīrore kē!
But if you miss, he'll become a moving target!

Kaua e hapa!
Don't miss!

Kāore i pakū ake taku pū?!
My gun didn't fire?!

I wetekina e koe te whakatina?
Did you disengage the safety catch?

Āe! Ehara au i te pōrewarewa!
Yes! I'm not a dimwit!

He matā kei te kopa?
Are there bullets in the magazine?/Is it loaded?

Anei ngā hātepe mō te pupuhi pū
Here are the steps for firing a gun

Whakahāngaitia te kerokero ki te pārure
Adjust the sight to the target

Ko te raparapa ki raro i tō ringa matau
Place the stock under your right arm

Ko te karera ka puritia ki tō ringa mauī
Hold the forestock with your left hand

Ko te reke ki raro i tō kēkē
Tuck the butt under your armpit

Whakatikahia! Pūhia!
Aim! Fire!

Whakamaua ā māua pū tōriri ki te whata, kia kore ai e whāwhāhia e ngā tamariki
Lock our guns in the cupboard so the kids can't play with them

Tangohia ngā matā katoa
Take out all the bullets

Whakamaua ngā whakatina
Engage the safety catches

E toru ngā tia i pūhia e ia!
She shot three deer!

Ki te ngaro koe, whakapakūhia tō pū
If you get lost, fire your gun in the air

Māku koe e kimi
I will find you

I rongo au i te pakūnga pū, ka oma mai au!
I heard a gunshot and came running!

Ko ia te toa mō te haurapa kararehe
He is the champion at tracking animals

He tiko, he paparahi, he ketuketunga ētahi o ngā tohu kei te tata ngā kararehe
Droppings, tracks and digging are some of the signs that animals are near

He ara kōpikopiko tēnei e hoa!
This is a winding track, mate!

He tino pāhekeheke hoki i te wā o te ua
It's extremely slippery too when it's raining

Ka mate ana i a koe he poaka, tuakihia
When you kill a pig, gut it

Werohia te kakī, poroa te korokoro, pūhia rānei!
Stab it in the neck, slit its throat or shoot it!

Tangohia ōna whēkau katoa, kia māmā ai te kawe
Take all its guts out so it's lighter to carry

Whakahīhītia ā tātou kurī kia hoki mai!
Whistle our dogs to come back!

Hunuhunua tā tātou poaka
Singe our pig

Hī ika/Fishing

Okay, let's move out of the bush and onto the ocean now. According to Māori creation stories, the god of the sea and originator of fish is Tangaroa. He is one of the children of Ranginui, the sky father, and Papatūānuku, the earth mother. Tūmatauenga, the god of war, battled with Tangaroa and their animosity towards each other is the rationale for humans, the descendants of Tūmatauenga, to go fishing, where they continue the war against Tangaroa's progeny, the fish.

It may seem somewhat ironic, but traditionally the Māori had many protocols around how many fish they could take and always did incantations to Tangaroa before heading out to sea to ensure safety and a good catch! An example of one of these protocols is known as the 'ati' which is the custom of returning the first fish back to the ocean. Creates a bit of a dilemma when your first fish is a 20 kg snapper, but adhere to the rules of Tangaroa, show him respect, and the reward was his guarantee of a safe expedition. So, throw that 20 kg snapper back e hoa!

Fishing was an important activity in traditional Māori society and for many tribes it still is to this day. Perhaps the most well-known fishing story is of the ancient Māori superhero, Māui, who hooked the North Island of New Zealand, known as Te Ika a Māui (Māui's great fish), with the jawbone of his grandmother, Murirangawhenua. If you look at a map of Aoteroa New Zealand, the North Island is shaped like a stingray. If you travel down towards the north, you are heading to the area known as Te Hiku o Te Ika (The Tail of the Fish), and if you go up to Wellington you are going to Te Ūpoko o Te Ika (The Head of the Fish).

You may have noticed I said 'down to the north' and 'up to Wellington', which would raise the eyebrows of most New Zealanders. Generally you will hear New Zealanders say 'We are going up north' or 'down to Wellington'! So why did I say it the other way around? Have you worked it out yet? Exactly! It's an illustration of the Māori world view. Tradition tells us Māui fished up the North Island (which could be interpreted as a metaphor for him discovering this land) and that the tail is the north and the head is Wellington. Therefore, if you are moving towards the tail of the fish, you are heading downwards. But if you are moving towards its head, then you are heading upwards. Mārama? All clear?

Considering we're surrounded by sea, it's not surprising that Māori have a lot of fishing stories. For instance, Kupe, who we believe discovered New Zealand: there he was, fishing in his homeland, Hawaiki, when he was distracted by a giant octopus belonging to the chief Muturangi. You don't just let a big catch like that become 'the one that got away', so of course he chased it. And chased it. And eventually caught it in Cook Strait, or Te Moana o Raukawa, in between the North and South islands. Then he circumnavigated the North Island before returning to Hawaiki with information about the star path to follow to journey from Hawaiki to Aotearoa, long before there was ever Google Maps.

Moana	*Sea*
Roto	*Lake*
Awa	*River*
Ngarungaru	*Rough*
Whenewhene	*Boisterous*
Marino	*Calm*
Rahopē	*Calm*
Hauhau	*Windy*
Waka moana	*Boat*
Kahu kautere	*Life-jacket*
Mura ahotea	*Flare*
Pūrere tautau	*Outboard motor*
Urungi	*Steering wheel*
Ihu	*Bow*
Kei	*Stern*
Wāpu	*Wharf*
Wahapū	*Harbour*
Whakatere	*Launch*
Taunga ika	*Fishing ground*

Tautara	*Fishing rod*
Aho	*Fishing line*
Nape	*Fishing line*
Whātimotimo	*Wind up (the line)*
Whiwhi	*Tangled*
Matau	*Hook*
Mōunu	*Bait*
Wai-whakaiho	*Small crab used as bait to catch sharks*
Punga	*Anchor*
Hutu/Pāpua	*Net*
Toherere	*Net for taking eels*
Tūpoupou	*Net for taking freshwater fish*
Moka whēkau ika	*Burley (Bait)*
Pāpua	*Fishing by placing net in the tideway*
Māngoingoi	*Surfcasting*
Kirihaunga	*Unsuccessful fishing expedition*
Ruku moana	*Diving*
Kirirua	*Wetsuit*
Mōwhiti	*Mask*
Ngongohā	*Snorkel*
Pātara hau	*Air bottle*
Huirapa	*Fins (Flippers)*
Tātua	*Weight belt*
Komo ringa	*Gloves*
Puraka	*Catch bag*

Hei te atatū wehe atu ai ki te hī ika
The boat will leave in the early hours of the morning to go fishing

Hei āhea rawa? Kia pai ai taku oho i te wā tika
When exactly? So I can get up at the right time

Hei te rima karaka!
Five o'clock!

Ki te whenewhene te moana, e kore e haere ki te hī
If the sea is too rough, we will not go fishing

Ko te tūmanako kia marino te moana āpōpō
Hopefully the sea will be calm tomorrow

He waka moana mīharo tōna!
He has got an awesome boat!

Haria he mura ahotea me ngā hoe, kei pakaru te pūrere tautau
Take some flares and the oars in case the outboard motor breaks down

Whakamaua ngā kahu kautere
Put on your life-jackets

Me haere au ki te ihu whakaepa ai i taku aho
I'm going to go to the bow to cast my line

Kātahi anō te ika ka kai ki tana matau
Then the fish began to bite at his hook

He pai ki ētahi te hī ika mā te aho
Some like fishing with fishing lines

He pai ki ētahi te hī ki te kupenga
Some like fishing with nets

I whiwhi tautara a ia mō te Kirihimete
He got a fishing rod for Christmas

Kei te whakaterea e ia tōna waka hou i te wāpu
She is launching her new boat from the wharf

Whātimotimohia! Kua rahi tēnā mō te rā nei!
Wind up (the lines)! That will do for today!

E whiwhi ana ā māua aho!
Our lines are tangled!

Māna te mōunu e whakapiri ki tō matau
He will bait your hook

Kumea ake te punga, kua hoki tātou ki uta
Pull up the anchor, we are returning to shore

Tikina te hutu, he ika nui kei taku aho!
Grab the net, I've got a big one on the line!

Kia renarena te aho!
Keep the line tight/taut!

Whiua he moka whēkau ika ki te wai
Throw some burley into the water

Kei te rongo au i ngā timotimo!
I can feel them biting/nibbling!

Unahia ngā ika nei!
Scale these fish!

Tuakihia ō ika!
Gut your fish!

Poroa te hiku kia rere ai te toto!
Cut the tail so it bleeds!

Waiho ki te kōpaka
Leave it in some ice

He tangata kaingākau a ia ki te hī ika
He was a keen fisherman

I haere ōna tuākana ki te māngoingoi
His older brothers went fishing

Ko ngā taunga ika o te iwi, he taonga tuku iho
The traditional fishing grounds of the tribe are ancestral gifts

I haere rāua ki te muriwai ki te whakatū pāpua
They went to the estuary to set the net

I hī rātou mō te kotahi hāora, kāore ngā ika i timotimo!
They fished for an hour, and no bites!

I pēhea te hī ika i te ata nei?
How was the fishing this morning?

Kirihaunga! Kore rawa i mau i a mātou he ika kotahi!
Unsuccessful! We didn't catch a single fish!

Ka mahue tā koutou ruku moana!
You should have gone diving!

I wareware mātou ki ō mātou kirirua!
We forgot to take our wetsuits!

Kei te pakaru ngā mōwhiti ruku o Mike!
Mike's diving mask is broken!

I makere taku ngongohā ki raro toka!
My snorkel fell under a rock!

Me whakakī koe i ngā pātara hau mō ngā rangi whakatā
Fill the air bottles for the weekend

The following is a list of words for parts of a fish and also the names of some species:

Unahi	*Scale*
Ūpoko	*Head*
Tinana	*Body*
Hiku	*Tail*
Whēkau	*Guts*
Kiko	*Meat/Flesh*
Niho	*Teeth*
Hōripi	*Fillet*
Hawa	*Ventral fin*
Pakihawa	*Throat fin*
Paihau	*Wing fin*
Urutira	*Dorsal fin*
Araara	*Trevally*
Aihe	*Dolphin*
Haku	*Kingfish*
Hangenge	*Garfish*
Hāpuku	*Groper*
Hiwihiwi	*Kelpfish*
Horopekapeka	*Whaler shark*
Kahawai	*Kahawai* (Arripis trutta)
Kōhere	*Young kahawai*
Kanae	*Grey mullet*
Kātaha	*Herring*
Kāunga	*Hermit crab*
Kehe	*Marblefish*
Kēwai	*Freshwater crayfish*
Kina	*Sea egg*

Kōpūtōtara	*Porcupine fish*
Korokoro pounamu	*Bluefish*
Kōuraura	*Shrimp*
Kōura waitai	*Crayfish*
Kōura pāwharu	*Packhorse crayfish*
Kūparu	*John Dory*
Kūreperepe/Tepetepe	*Jellyfish*
Kūtai	*Mussel*
Makawhiti	*Yellow-eyed mullet*
Mako	*Mako shark*
Mangō	*Shark*
Mangō aupounamu	*Blue shark*
Mangō pare	*Hammerhead shark*
Mangō ripi	*Thresher shark*
Mangō taniwha	*Great white shark*
Mangō tara	*Spined dogfish*
Mararī	*Butterfish*
Maroro	*Flying fish*
Mātaitai	*Shellfish*
Napia	*Hagfish*
Ngū	*Squid*
Paea	*Swordfish*
Pākurakura	*Pigfish*
Pāpaka	*Crab*
Pātangaroa/Pātangatanga	*Starfish*
Pātiki	*Flounder*
Pāua	*Abalone*
Pekapeka	*Carpet shark*
Pīoke	*Dogfish*
Rātāhuihui	*Sunfish*
Reperepe	*Elephant fish*
Reremai	*Basking shark*
Taharangi	*Frostfish*
Taketetonga	*Marlin*
Tāmure	*Snapper*
Taumaka	*Rockfish*
Tio	*Oyster*

Tohorā	*Whale*
Tōiki	*Tiger shark*
Ūpokohue	*Blackfish*
Wheke	*Octopus*

Kua puru te puoto i ngā unahi
The sink is blocked up with scales

He pārekareka ki a ia te kai ūpoko ika
He just loves to eat fish heads

Hōripihia te ika nei!
Fillet this fish!

Ko te kiko anake e pīrangitia ana
The flesh is all that's required

Whiua atu te hiku me ngā kōiwi
Throw away the tail and the bones

Wetekina te matau i tōna waha
Dislodge the hook from its mouth

Kia tūpato, he tino koi ōna niho!
Be careful, its teeth are very sharp!

I ū tō matau ki tōna paihau
You hooked its wing fin

I kite urutira mangō mātou!
We saw a shark's fin!

He araara, he haku, he tāmure ā matou ika i tēnei rā
We caught trevally, kingfish and snapper today

Whakamahia he kātaha hei mōunu
Use a herring as bait

Kāo, ko te ngū te mōunu pai hei hopu tāmure
No, squid is the best bait for catching snapper

I hopu kēwai mātou i te roto i a mātou e tamariki ana
We used to catch freshwater crayfish in the lake when we were kids

Kei te ruku kōura tātou i te rā nei, hei aha ngā kina!
We are diving for crayfish today, never mind the kina!

He maha ngā kūreperepe kua pae ki uta, nē?
There are heaps of jellyfish washed up on the beach, aren't there?

Kāore au mō te ruku ki konei, he rohe mangō taniwha!
There's no way I'm diving here, it's great white shark country!

E ai ki ngā kōrero, kāore he painga i te hopu taketetonga
They reckon catching a marlin is the ultimate!

I haere māua ki tātahi ki te kohi pātangaroa
We went to the beach to collect starfish

I kite tohorā mātou e toremutu ana!
We saw some whales diving up and down!

Māori were very adept fishermen and still are today. Moon phases, weather conditions, and the movement of the sun and tide were all taken into account when determining when was the best time to go fishing. This information is still presented for use by today's anglers in the form of a Māori fishing calendar which identifies favourable days for fishing. Kia renarena ngā aho! Tight lines e hoa mā!

15. Fun and socialising

Māori people enjoy a good party just like anyone else! Māori who adhere to Māori values such as *manaakitanga* or generosity and *tūporetanga* or kindness, will treat travellers or strangers with goodwill and sympathy. Knowing the Māori language underpins these values, so naturally being able to converse a little bit in te reo Māori will help you make friends and get invites to parties!

Tūtaki tuatahi/Breaking the ice

Greetings have been covered earlier but it's appropriate to mention the basics again as they will be the first words you use to 'break the ice'!

Kia ora	*Hello*
Kei te pēhea koe?	*How are you?*
Kei te pai	*Good*
Me koe?	*And you?*
Kei te harikoa au	*I am happy*
Kei te ngenge au	*I am tired*
Kei te maremare au	*I have a bit of a cold*
Ka kite anō	*See you later*

So now you've broken the ice, here's a few conversation starters:

He aha ngā waiata pai ki a koe?
What kind of music do you like?

He pai ki a au te . . .
I like . . .

There are no specific Māori words for the various genre of waiata so just reply with the English terms, eg, He pai ki a au te disco, opera, etc.

Me puta tahi tāua?
Would you like to go out?

He pai ki a koe te kanikani?
Do you like to dance?

He aha ngā kai reka ki a koe?
What kind of food do you like?

Me tiki kawhe tāua?
Would you like to grab a coffee?

Me kai tahi tāua a tētahi pō?
May I buy you dinner sometime?

He aha ō runaruna?
What are your hobbies?

He pai ki a au te...	*I like...*
ruku moana	*diving*
hī ika	*fishing*
whakangau kararehe	*hunting*
whakatangi rakuraku	*playing guitar*
peita pikitia	*painting*
pānui pukapuka	*reading*
kanikani	*dancing*
mātakitaki pouaka whakaata	*watching TV*
hokohoko	*shopping*
mātakitaki kiriata	*going to the movies*
hīkoi ngahere	*tramping/bushwalking*
hōpuni	*camping*
taunaha whenua	*travelling*
hākinakina	*sports*
toro hoa	*hanging out with friends*
mahi mātātoa	*adventure*
toro wharekai	*eating out*
piki toka	*rock climbing*
kōnekeneke	*rollerblading*
Me haere tahi tāua ki te...	*Would you like to go to/for...*
taha moana?	*the beach?*
hīkoi ngahere?	*a bush walk?*
mātakitaki kiriata?	*the movies?*
whare toatini?	*the mall?*
mātaki rōpū pūoru?	*watch a band?*
taiwhanga kararehe?	*the zoo?*
whare kanikani?	*a nightclub?*
whare pupuri taonga?	*the museum?*

I have complete confidence in your ability to speak Māori and use these phrases correctly, but there may be times when you don't understand what is being said to you. Here are some tools to help you overcome the language barrier:

He aha te kupu Māori mō . . .	*What's the Māori word for . . .*
Kia kaha ake tō reo	*Please speak louder*
Kāore au i te rongo	*I can't hear*
Kāore au i rongo i tēnā	*I didn't hear that*
Kāore au i te mārama	*I don't understand*
Āta kōrero	*Can you speak more slowly*
Kōrero mai anō	*Can you say that again*
Tauria mai tēnā kupu	*Can you spell that*
Me pēhea taku kī . . .	*How do I say . . .*
E mōhio ana koe ki te kōrero Pākehā?	*Can you speak English?*
He pai ake tōku reo Pākehā i tōku reo Māori	*I speak English better than Māori*

Māori generally are pretty friendly, so let's learn what we have to say to get to know one of these natives of Aotearoa New Zealand a little bit more intimately:

Ko wai tō ingoa?	*What's your name?*
Ko . . . tōku ingoa	*Ko . . . tōku ingoa*
Nō hea koe?	*Where are you from?*
Nō tāwāhi au	*I'm from overseas*
Nō Whāngārei au	*I'm from Whāngārei*
He pai te tūtaki ki a koe	*I'm pleased to meet you*
Ko taku . . . tēnei	*This is my . . .*
hoa wahine	*wife*
hoa tāne	*husband*
tama	*son*
tamāhine	*daughter*
hoa	*friend*
whaiāipo	*girlfriend/boyfriend*
Ko aku . . . ēnei	*These are my . . .*
tama	*sons*
tamāhine	*daughters*
hoa	*friends*
Kei te pēhea tō . . .	*How is your . . .*

	whānau	*family*
	māmā	*mother*
	pāpā	*father*
	tuakana	*older brother of male/older sister of female*
	teina	*younger brother of male/younger sister of female*
	tuahine	*sister of male*
	tungāne	*brother of female*
whanaunga	cousin	
	irāmutu	*niece/nephew*
	taumau	*fiancée/fiancé*
	kiritata	*neighbour*
	rangatira mahi	*boss*
Kei te pēhea ō . . .	*How are your . . .*	
	tamariki	*children*
	mātua	*parents*
	kaumātua	*grandparents*
E hia ō tau?	*How old are you?*	
Rangatahi tonu koe	*You're still young*	
Rangatahi rawa atu koe i a au	*You're way younger than me*	
He aha tāu i haere mai ai ki konei?	*What brings you here?*	
He aha tō mahi i konei?	*What's your work/job here?*	
He mahi pakihi	*Business*	
He whakatā noa iho	*Just on holiday*	
He hiahia nōku kia kite i tēnei whenua rerehua	*I wanted to see this beautiful country*	
He hoa ōku kei konei	*I have friends here*	
E hia te roa o tō noho?	*How long are you staying?*	
Kei te mārena koe?	*Are you married?*	
Kei te mārena au	*I am married*	
Kei te takakau au	*I am single*	
Kei te noho tahi māua ko taku whaiāipo	*I live with my boyfriend/girlfriend*	

Kua tauwehe	*I am divorced*
Kua pouwaru au	*I am a widow*
He ātaahua ō tamariki	*You have beautiful children*
He ātaahua tō wahine/tamāhine	*Your wife/daughter is beautiful*
He ranginamu tō tāne/tama	*Your husband/son is handsome*

Āhuatanga tangata/Personal descriptions

The following words and phrases are to help you describe what someone looks like:

Makawe	*Hair*
Roa	*Long*
Poto	*Short*
Urukehu	*Blonde*
Pango	*Brunette*
Whero	*Redhead*
Mingimingi	*Curly*
Torokaka	*Straight*
Karu kikorangi	*Blue eyes*
Karu pākākā	*Brown eyes*
Karu kākāriki	*Green eyes*
Tukemata	*Eyebrows*
Kamo	*Eyelashes*
Ira	*Freckles*
Kōrakorako	*White, freckled skin*
Kanohi	*Face*
Kiritea	*Pale skin*
Kiripango	*Dark skin*
Kiripākākā	*Brown skin*
Pākehā	*European*
Tauiwi	*Foreigner*
Āhia	*Asian*
Pāniora	*Spanish*
Ītāria	*Italian*
Hainamana	*Chinese*
Iniana	*Indian*
Hapanihi	*Japanese*
Amerikana	*American*
Mangumangu	*African/African American*

Rūhia   *Russian*
Kiriki   *Greek*
Tiamana   *German*

He roa ōu makawe
You have long hair

He poto ōna makawe
She has short hair

He roa, he urukehu ngā makawe o taku wahine
My wife has long, blonde hair

He mingimingi ngā makawe o tāna tama
His son has curly hair

He poto, he pango ōku makawe
My hair is short and black

He ātaahua ō karu kikorangi
Your blue eyes are beautiful

He karu pākākā ōku
I have brown eyes

Tokomaha ngā Māori karu kākāriki kei Te Tai Rāwhiti
There are many green-eyed Māori on the East Coast

He huruhuru ōna tukemata
He has bushy eyebrows

Pania tō kiri kōrakorako ki te ārai tīkākā
Put some sunblock on your white, freckled skin

Kātahi anō au ka kite i te kanohi ātaahua o te ao
I have just seen the most gorgeous face in the world

He Pākehā ō mātou hoa tiriti
The Europeans are our treaty partners

Ia rā, ia rā, tae mai ai he tauiwi
Foreigners arrive here each and every day

He Āhia te nuinga
Most of them are Asian

He Pāniora au
I am Spanish

No Ītāria tōna hoa
His friend is Italian

He Hainamana tana wahine hou
His new girlfriend is Chinese

He toa ngā mangumangu Amerikana ki te tākaro
African Americans are champions at sports

He Rūhia au engari kei Kirihi e noho ana
I am Russian but I live in Greece

Mahi/Professions

He aha tō mahi?	*What do you do for a living?*
Anei taku kāri	*Here's my card*
He . . . au	*I am a . . .*
kaiako	*teacher*
ētita	*editor*
kaikaute	*accountant*
ringa toi	*artist*
kaihoahoa	*architect*
ringa whao	*carver*
kaihanga whare	*builder*
kaipakihi	*businessperson*
tākuta	*doctor*
ringa tuhi	*writer*
kaihoko	*salesperson*
kaiwaiata	*singer*
kaipūoru	*musician*
tauā	*soldier*
kaimahi kāwanatanga	*government employee*
kaitōrangapū	*politician*

Te whare kanikani/Nightclubbing

There are many bars and nightclubs all over Aotearoa New Zealand and no doubt, whether you are a local who has travelled from Hastings to Auckland for a party weekend, or a visitor from overseas who has been checking out the sights in Rotorua for the day and is now keen to 'check out the sights' in some of the local establishments, the opportunity for you to try out a bit of te reo Māori will present itself! Now if you thought French, Italian and Spanish were the languages of romance, wait till you hear Māori! It's well known for its romantic poeticism by those who have studied it, so let's bring it to the table and see what happens. Use the following quotes on your partner or someone you might be interested in, in love notes, emails and Valentine's Day cards, and to score points.

Ko Hineruhi koe, te wahine nāna i tū ai te ata hāpara
You are like Hineruhi, the woman by whom the dawn was raised

Ko Hinetītama koe, matawai ana te whatu i te tirohanga
You are like Hinetītama, the eye glistens at the sight of your beauty

Ko Kōpū koe e rere ana i te pae
You are like Venus rising with great beauty above the horizon in the morning

Me he Ōturu ō karu
You have big beautiful eyes like the full moon

Ko tō menemene me he pōhoi toroa
Your smile is like the pure white down of the albatross

Me he rangi paruhi koe i te raumati
You are like a perfect summer's day

Me aha e māuru ai te aroha mōu?
How am I to abate this longing for you?

Ko koe te manako o taku ngākau
You are my heart's burning desire

Me tia ki te miri a te aroha komaingo
Let me be soothed by the ritual of love divine

Ko koe i moea iho nei i ngā pō mokemoke
You are the one I have dreamt of all these lonely nights

Ka tirohia iho tō kiri, ai, rauiti!
I gaze upon your smooth skin, wow, so fine!

I hea koe koia i te tuaititanga?
Where have you been all my life?

He aha kei taku poho e pākikini nei?
What is this feeling pulling at my heart strings?

Ko koe te huia kaimanawa o taumata rerehua
'Tis you, the treasured plume of ultimate beauty

I hiko atu, i hinga atu!
I just caught a glimpse of you, and you were gone!

He rangi au i tatari, he raro au i manako, kua ea!
Each day I waited, each night I longed, now you are here!

Hīa mai au ki te hī a remurere!
Lure me on with the lure of passion!

Piki tū, piki rere te tai i taku ngākau
The tide ebbs and flows in my heart

E te apa tārewa kei raro au i tō atahu!
Oh, enchanted one I am under your spell!

Ko koe nei te tāne/wahine ki roto i taku ngākau
You are the man/woman I hold dear in my heart

E whiti e te rā, pārore ki taku kiri!
Shine down oh sun, relax my skin! (Said when overcome by someone's beauty and allure)

He ika whakawera koe nō roto i te kupenga
You are the most combative fish in the net (i.e., hard to get)

Whai rawa atu nei, kore rawa i anga mai
Advances are made, but you will not respond

Hirihiritia rā kia rere ā manu mai
Chant a spell so she/he speeds to me like a bird

Pānukunuku te korirangi
The lump in my throat moves up and down (i.e., nervous)

E rua ia rā aku ringa ki te whakakopa mai i taku manawa!
My two hands are needed to clutch and support my heart!

E titi koia e te atarau, kei mutu tēnei pō!
Shine on brightly moonlight, don't let this night end!

E hura ō kanohi ki tāu i wawata roa ai!
Lift your eyes to view what you have eternally dreamed of!

Tū tonu aku ngutu ki te whakapehapeha mō tō rerehua!
My lips hasten to boast about your exquisite beauty!

Pō horepō!
Tonight, I shall seek a woman's favour!

In today's bland language this would be similar to, 'I'm out to score a chick tonight!' Horepō is an old term for a man lying naked in bed which was interpreted in those days as meaning he was seeking a woman's favour!

Nāu kua oho ahau ki te ao!
You have awakened me to the world!

Ka poia ake ia e te tara i raro!
He will be unable to resist my feminine charms!

Ka mau tō ipo ariki, mau whiwhia, mau rawea!
When you find the one, haul her /him in and never let her/him go!

Whoa, e kai mai nei te aroha!
Whoa, check this out coming our way!

Okay, let's get into a bit more of the bland stuff now! Still vital phrases to know though when you are out and about having fun and socialising! Bit of a comedown after those beautiful Māori pick-up lines we just read, but make sure you have got the following phrases at your disposal as well. Remember, all bars in Aotearoa New Zealand are *auahi kore* or smokefree.

Kei hea ngā pāpara kāuta pai o konei?
Where are the good pubs around here?

Kei hea ngā whare kanikani pai o konei?
Where are the good clubs around here?

Kei hea ngā whare kanikani takāpui?
Where are the gay clubs?

Kei hea ngā whare kanikani whai rawa ake?
Where are the upmarket clubs?

Kei hea te tino o ngā whare kanikani?
Where is the most popular club in town?

He aha te utu mō te uru?
What's the cover charge?

He nui te utu mō te uru?
Is it expensive?

Kāore he utu
No charge

Me pēhea ngā kākahu?
What's the dress code?

Me pai ngā kākahu
A good standard of dress

Me tino pai ngā kākahu
A high standard of dress

Me kaua e mau tarau tāngari
No jeans

   . . . tarau poto
   . . . No shorts

   . . . pāraerae
   . . . No jandals

Me whai kakī ngā hāte
Shirts must have a collar

Kei te hiainu au
I'm thirsty

Hokona he inu māu
Buy a drink for yourself!

Māku ēnei inu, māu a muri
I'll get these drinks, you get the next ones

Kei a wai te haute?
Whose shout is it?

He pia kōrere koa!
Tap beer please!

He pātara pia koa!
Bottle of beer please!

He wāina kōtea koa!
White wine please!

He wāina whero koa!
Red wine please!

He hōta wīhiki koa!
Whiskey shot please!

Tētahi hoki mā tērā wahine
And one for the lady over there

Tētahi hoki mā tērā tāne
And one for the gentleman over there

E pai ana kia whakahaere pire mō aku inu?
Can I run a tab for my drinks?

Māku tō inu e hoko?
Can I buy you a drink?

Me kanikani tāua?
Would you like to dance?

He tau koe ki te kanikani!
You're a great dancer!

16. The office

Many workplaces in Aotearoa New Zealand place a lot of value on the ability of their employees to speak Māori. Government departments especially are constantly on the lookout for Māori-language speakers and even have 'the ability to understand or speak Māori' written into a lot of their job descriptions. Broadcasting and education are other areas screaming out for people who are able to speak Māori. There are many reasons for learning to speak Māori, but look no further than making yourself more employable as one of the main reasons for you to get cracking and learn a bit of reo! So let's have a look at some of the words and phrases that will help you speak Māori in the office.

Tari	*Office*
Wāhi mahi	*Workplace*
Pukapuka kāinga noho	*Address book*
Tahua	*Bank account*
Tahua haki	*Cheque account*
Tahua penapena	*Savings account*
Pukapuka kaute	*Account book*
Wā kaute	*Accounting period*
Pānui	*Advertisement*
Pānuitanga	*Advertising*
Paramanawa	*Afternoon/Morning tea*
Rārangi take	*Agenda*
Kōpaki rangi	*Airmail*
Tāpiritanga	*Appendix*
Kaitono	*Applicant*
Tono	*Application*
Pukatono	*Application form*
Pia	*Apprentice*
Pūranga	*Archive*
Hoahoa pere	*Arrow diagram*
Arotake	*Assessment*
Hua	*Asset*
Hua wātea	*Current asset*
Hua pūmau	*Fixed asset*
Kaiāwhina	*Assistant*

Whakatau tango moni	*Attachment order*
Ataata rongo	*Audiovisual*
Tātari kaute	*Audit*
Māheu tātari kaute	*Audit trail*
Kaitātari kaute	*Auditor*
Aunoa	*Automatic*
Wetonoa	*Automatic switch-off*
Nama kāre i utua	*Bad debt*
Ripanga kaute	*Balance sheet*
Kāri tahua	*Bankcard*
Pūrongo tahua	*Bank statement*
Kaihau	*Bankrupt*
Pūrere tuitui	*Binding machine*
Miramira	*Bold type*
Mino	*Borrow*
Taiapa	*Bracket*
Kopamārō	*Briefcase*
Rawhipuka	*Bulldog clip*
Taero	*Bureaucracy*
Umanga	*Business*
Kaipakihi	*Businessman/Businesswoman*
Kaihoko	*Buyer*
Kāmuri	*Cafeteria*
Tātai	*Calculate*
Tātaitanga	*Calculation*
Tātaitai	*Calculator*
Maramataka	*Calendar*
Kopounga	*Successful candidate*
Haupū rawa	*Capital*
Pū matua	*Capital letter*
Pū riki	*Lower case letter*
Tūnga waka	*Carpark*
Ukauka	*Cash*
Kape whiti	*Cashflow*
Hake ukauka	*Cash register*
Mahi waimori	*Casual job*
Kaimahi waimori	*Casual worker*
Whakarārangi	*Catalogue*

Kawe reo	*Cellphone*
Taunaki whanonga	*Character reference*
Mahere	*Chart*
Tūtohinga	*Charter*
Kiritaki	*Client*
Apataki	*Client base*
Papa rawhi	*Clipboard*
Whata pouheni	*Cloakroom*
Hoamahi	*Colleague*
Tauhokohoko	*Commerce*
Arumoni	*Commercial*
Paremata	*Compensation*
Tohungatanga	*Competence*
Matatapu	*Confidential*
Whakaū	*Confirm*
Kirimana	*Contract*
Tārua	*Copy*
Mana tārua	*Copyright*
Rangatōpū	*Corporate*
Mahere rangatōpū	*Corporate plan*
Ratonga rangatōpū	*Corporate service*
Tokapū	*Corporation*
Utu whakahaere	*Administrative cost*
Tāhuhu tangata	*Curriculum vitae*
Raraunga	*Data*
Pātengi raraunga	*Database*
Pou rangi	*Date stamp*
Māngai	*Delegate*
Apatono	*Delegation*
Moni tāpui	*Deposit*
Pūtea penaroa	*Long-term deposit*
Pūtea penapoto	*Short-term deposit*
Hoahoa	*Diagram*
Hopu kōrero	*Dictaphone*
Pānui-ā-waha	*Dictation*
Raraunga motumotu	*Discrete data*
Tīrari	*Distribute*

Wāhanga	*Division*
Tuhinga	*Document*
Moni tāpui	*Down payment*
Hukihuki	*Draft*
Ōhanga	*Economy*
Putanga	*Edition*
Noho tapu	*Embargo*
Raweke pūtea	*Embezzlement*
Kaiwhakawhiwhi mahi	*Employer*
Kaimahi	*Employee*
Taputapu	*Equipment*
Ūkui	*Erase*
Kutētē	*Espresso machine*
Puna wai	*Water fountain*
Whakatau tata	*Estimate*
Matatika	*Ethics*
Whakapaunga	*Expenditure*
Katete	*Extension cord*
Mure	*Extortion*
Tohitū whakanao	*Factory*
Ka whai hua	*Feasible*
Kāre e whai hua	*Not feasible*
Utu	*Fee*
Kōnae	*File*
Rārangi kōnae	*File list*
Pūpoho kōnae	*Filing cabinet*
Taunahatanga	*Financial liability*
Whakahou tikanga pūtea	*Financial reform*
Mahere hura	*Flipchart*
Papa whenua	*Ground floor*
Papa tāuru	*Top floor*
Mahere ripo	*Flowchart*
Kōpaki	*Folder*
Kupu tāpiri	*Footnote*
Pāhīhī	*Fountain pen*
Roro	*Foyer*
Roro matua	*Main foyer*

Pou tarāwaho	*Frame of reference/framework*
Tūtohi auau	*Frequency chart*
Kāpia	*Glue*
Pūtea penihana kāwanatanga	*Government superannuation fund*
Takuhe	*Grant*
Kauwhata	*Graph*
Kauwhata pou	*Bar graph*
Kauwhata toro	*Line graph*
Kauwhata porohita	*Pie graph*
Kupu taurangi	*Guarantee*
Tānga	*Hard copy*
Miramira	*Highlight*
Hoko harangotengote	*Hire purchase*
Utu whakamatuatanga	*Holiday pay*
Whakamatuatanga	*Holiday*
Pūmanawa tangata	*Human resources*
Moni whiwhi	*Income*
Manatōpū	*Incorporated society*
Ahumahi	*Industrial/Industry*
Mahi ngātahi	*Industrial relations*
Pārongo	*Information*
Hautai	*Ink pad*
Wai hōrū	*Red ink*
Wai pukepoto	*Blue ink*
Wai ngārahu	*Black ink*
Rīanga	*Insurance*
Rīanga waka	*Car insurance*
Rīanga whare	*House insurance*
Rīanga tangata	*Life insurance*
Mana whakairo hinengaro	*Intellectual property rights*
Huamoni	*Interest*
Patapatai	*Interview*
Kaipatapatai	*Interviewer*
Pae reta mai	*In-tray*
Pae reta atu	*Out-tray*
Haumi	*Invest /investment*
Haumi roroa	*Long-term investment*

Haumi popoto	*Short-term investment*
Nama	*Invoice*
Tau tāke	*IRD number*
Tapanga	*Label*
Hunga mahi	*Labour force*
Papa ahumahi	*Industrial land*
Tā taiaho	*Laser printer*
Pūrere tā	*Printer*
Hoko tāpui	*Lay-by*
Hoatu taurewa	*Lend*
Ūpoko reta	*Letterhead*
Huaki reta	*Letter opener*
Takawaenga	*Liaison*
Ara rewa	*Lift*
Ara maiangi	*Escalator*
Taunaha tāpui	*Limited liability*
Umanga taunaha tāpui	*Limited liability company*
Pūtea taurewa	*Loan*
Waitohu	*Logo*
Aukume	*Magnet*
Karu whakarahi	*Magnifying glass*
Kōpaki	*Mail*
Kōmiringa kōpaki	*Mailroom*
Kūaha matua	*Main entrance*
Tumu whakahaere	*Management*
Tumu	*Manager*
Mana kōkiri	*Mandate*
Whakanao	*Manufacture*
Mārehe	*Meticulous*
Kaiāmiki	*Minute-taker*
Āmiki	*Minute-taking*
Whakawhiti whakaaro	*Negotiate*
Kaua e kuhu mai	*No admittance*
Kaua e puta mā konei	*No exit*
Putanga	*Exit*
Kaua i tua atu i te ingoa e mau nei	*Not transferable (cheque)*
Pukatuhi	*Notebook*

Tuhi tīpoka	*Note-taking*
Whāinga	*Objective*
Whāinga roa	*Long-term objective*
Whāinga poto	*Short-term objective*
Ārai hauata mahi	*Occupational safety*
Whakatuwheratanga	*Opening ceremony*
Kaiwhakahaere	*Organiser*
Mōkihi	*Package*
Tākai	*Packaging*
Pūoho	*Pager/Beeper*
Pānui whakamārama	*Pamphlet*
Kini pepa	*Paper clip*
Whakangaku pepa	*Paper shredder*
Kaimahi harangotengote	*Part-time worker*
Pene rākau	*Pencil*
Ipu pene	*Pen holder*
Whakakoi pene rākau	*Pencil sharpener*
Ō manapou	*Petty cash*
Pūrere whakaahua	*Photocopier*
Tāpine	*Pin*
Kaupapa	*Policy*
Utu karere	*Postage*
Pane kuini	*Postage stamp*
Tohu karere	*Postal code*
Pouaka Poutāpeta	*P O Box*
Utu tōmua	*Prepay*
Pouaka Motuhake	*Private Bag*
Tukuata	*Projector*
Inekoki	*Protractor*
Ū ki te hāora i whakaritea	*Punctual*
Puka whakamana utu	*Receipt*
Taupaepae	*Reception area*
Kiripaepae	*Receptionist*
Taiutu	*Remuneration*
Pūrongo	*Report*
Ruruku	*Ringbinder*
Muku	*Eraser*

Hererapa	*Rubberband*
Pourapa	*Rubber stamp*
Tauine	*Ruler*
Kutikuti	*Scissors*
Rāngai	*Sector*
Rāngai tūmataiti	*Private sector*
Rāngai tūmatanui	*Public sector*
Kaupare māhie	*Security guard*
Hāpiapia	*Sellotape*
Utu whakamutu mahi	*Severance pay*
Mahi tīpako	*Shift work*
Kaimahi tīpakopako	*Shift worker*
Taiwhanga paruhi	*Sick bay*
Kiriata	*Slide*
Tātaki kupu	*Spelling*
Makatiti	*Staple/Stapler*
Tango makatiti	*Staple remover*
Pānga tuhituhi	*Stationery*
Tatauranga	*Statistics*
Kōhukihuki	*Stress*
Pōkaikaha	*Stressed out*
Pae huatau	*Suggestion box*
Pūnaha	*System*
Puka tāke	*Tax return*
Tāke tārewa	*Provisional tax*
Puka hāora mahi	*Time sheet*
Paepae	*Tray*
Kū whakatika	*Twink (correction fluid)*
Patopato	*Type*
Whakarauwaka tuhinga	*Typesetter*
Papa mā	*Whiteboard*
Tuataka tuhi	*Writing pad*

Tuhia tōna ingoa ki taku pukapuka kāinga noho
Write his name in my address book

Kei te raruraru ngā tahua a te umanga!
The business's bank accounts are in trouble!

E kī! Te tahua haki me te tahua penapena?
The cheque account and the savings account?

E ai ki ngā pukapuka kaute, kua whai hua koe i tēnei tau!
According to the account books, you have made a profit this year!

He rongo pai tērā i mua tonu i te wā kaute!
That's great news just before the financial year accounts period!

E whai whakaaro ana mātou ki te hanga kaupapa pānui whakatairanga
We are thinking of an advertising campaign

Hei aha?
What for?

Hei pānui i ā tātou taonga hoko ki roto i ngā maheni
To advertise our product in the magazines

Kei te whakanui i te huritau o te umanga hei te paramanawa
We are celebrating the company's birthday at morning tea

Anei te rārangi take mō tā tātou hui
Here is the agenda for our meeting

He tokomaha ngā kaitono i te tūranga
There are lots of applicants for the position

He hoa tōku, kei a ia ngā pūkenga e kimihia ana
I have a friend who has all the skills required

Engari, kāore ia i whakakī i te pukatono
But he didn't fill out the application form

Ka noho pia ahau ki a Hemana mō tēnei wā
I will be Hemana's apprentice for now

Kei te arotakehia te umanga mō te ono wiki
The company is being assessed for six weeks

Kia kitea ai he aha ōna hua wātea, hua pūmau me āna rautaki whakamua
To analyse what are its current assets, fixed assets and future strategies

Kia mōhio ai hoki he aha āna nama kāre i utua, ā, ka eke rānei ki te kaihautanga
So we also know what its bad debts are and if it is in danger of bankruptcy

Kua pakaru anō te pūrere tuitui!
The binding machine is broken again!

Ka mate pea ki te mino pūtea i te whare tahua kia ora tonu ai!
We might have to borrow money from the bank to stay afloat!

Kei wareware i a koe tō kopamārō!
Don't forget your briefcase!

He kaipakihi rangatira ia i Microsoft!
She is a top businesswoman at Microsoft!

Me tūtaki tāua i te kāmuri hei te tahi
Let's (you and I) meet at the cafeteria at one

Ko Mark te kopounga ka whakawhiwhia nei ki te mahi
Mark is the successful candidate who will be offered the job

Ka whai tūnga waka motuhake koe
You will get your own carpark

Ka whai kawe reo kore utu hoki koe
You will also get a free cellphone

He kaimahi waimori au ki Rydges
I am a casual worker at Rydges

Waea atu ki a Richard mō tana taunaki whanonga
Ring Richard for his character reference

Kei roto te Tiriti o Waitangi i te tūtohinga
The Treaty of Waitangi is in the charter

Tiakina ō kiritaki! Koirā te mea nui!
Look after your clients! That is the most important thing!

Mā reira e whanake ai te apataki o tēnei umanga!
By doing that, the client base of this business will grow!

He tino rawe aku hoamahi!
My colleagues are really fantastic!

Ko taku kōrero e whai ake nei, he matatapu
What I am about to say is confidential

Kei te whakarite tonu au i tō kirimana
I am still finalising your contract

Me whakaiti iho i ō utu whakahaere!
You need to cut down on administrative costs!

Tukuna mai tō tāhuhu tangata
Send me your curriculum vitae

Ko te moni e toe ana ka tukuna ki tētahi pūtea penaroa
The leftover money is deposited into a long-term account

He tuhinga hukihuki noa ake tēnei, engari, tirohia ake
This is just a draft, but take a look at it please

Kia maumahara koe, ko au te kaiwhakawhiwhi mahi, ko koe te kaimahi!
Just remember, I am the employer and you are the employee!

Ko ētahi o ēnei whakaaro ka whai hua, ko ētahi anō kāre e whai hua
Some of these ideas are feasible and some are not

Tekau ōrau o tō utu ka haere ki te pūtea penihana kāwanatanga
Ten per cent of your income goes to the government superannuation fund

Mahia mai he kauwhata pou mō ēnei tatauranga
Show me these statistics in a bar graph

Kua miramiratia e au ngā kōrero nui
I have highlighted the important points

Me hoko rīanga tangata koe kia kore ai tō whānau e oke, inā tūpono aituā koe!
You should buy life insurance so your family doesn't struggle if something happens to you!

E kī ana te pae reta mai!
The in-tray is full up!

He aha tāna tau tāke?
What's her IRD number?

Me whai tēnei tuhinga i te ūpoko reta a te umanga
This letter needs to have the company's letterhead attached

Tokorua ngā tāngata kei te kūaha matua e tatari ana ki a koe
There are two people at the main entrance waiting to see you

Ko wai rāua?
Who are they?

Aua, engari kei te pīrangi hui rāua ki te tumu!
No idea, but they want to meet with the manager!

Māu ngā kōrero o tēnei hui e tuhi tīpoka
You do the note-taking for this meeting

E tino ngoikore ana ngā tikanga ārai hauata mahi o tēnei wāhi mahi!
The occupational safety standards at this workplace are abysmal!

Hei te Rāhoroi te whakatuwheratanga o te whare hou
The opening ceremony for the new building is on Saturday

Me kimi kaimahi harangotengote koe
You need to find some part-time workers

Kei te tiki ō manapou mō te haere, e te rangatira
I am getting some petty cash for the trip, boss

Kei te puta ake i te pūrere whakaahua ināianei
It's coming out of the photocopier now

He Pouaka Motuhake tā mātou, tahi, tahi, rima, whā, pokapū o Tāmaki
Our address is Private Bag 1154, Auckland Central

Ko tōna pai, he ū ki te hāora i whakaritea
His best attribute is that he is punctual

Me tatari mai ki a au i te taupaepae
Wait for me in the reception area

Kei te tuhi pūrongo taku kiripaepae
My receptionist is writing a report

He tauine tāu?
Have you got a ruler?

Kei hea aku kutikuti?
Where are my scissors?

Nā ngā kaupare māhie te wāhi nei i tiaki inapō
The security guards looked after this place last night

Kua pau te hāpiapia me te kū whakatika o taku tari
The Sellotape and Twink in my office have run out

Anei tō utu whakamutu mahi, arā te kūaha!
Here is your severance pay, and there is the door!

He uaua te mahi a te kaimahi tīpakopako
The job of a shift worker is very difficult

Kei te pōkaikaha koe, me okioki mō ētahi rā!
You are stressed out, take a break for a few days!

The following list of words is computer-related. Technology is moving fast and the Māori language is moving with it!

Rorohiko	*Computer*
Rorohiko pōnaho	*Laptop computer*
Pātuhi	*Key*
Papa pātuhi	*Keyboard*
Mata rorohiko	*Computer screen*
Kāpeka rorohiko	*Computer terminal*
Wehe whārangi	*Page break*
Tiro whārangi	*Page view*
Kōwae	*Paragraph*
Hanumi	*Merge*
Pāwhiri	*Click on*
Kati	*Close/Turn off*
Whakaoho	*Start up/Turn on*
Pehu	*Cursor*
Rārangi kōpaki	*Directory*
Kōpae	*Disk*
Puku rorohiko	*Disk drive*
Whakaatu	*Display/Monitor*
Karere hiko	*Email*
Waiho	*Exit*
Momo tuhi	*Font*
Whakatika i te takoto	*Format*
Kōpae matua	*Hard disk*
Ata	*Icon*
Ipurangi	*Internet*
Tā	*Print*

Pūreretā	*Printer*
Tiro tānga	*Print preview*
Matawai	*Scanner*
Pūmanawa rorohiko	*Software*
Pātuhi mokowā	*Space bar*
Pūmanawa tātaki kupu	*Spellcheck*
Tāraro	*Underline*
Miramira	*Bold*
Tītaha	*Italics*
Hōtaka	*Program*
Rorohiko whaiaro	*Personal computer*
Punenga kupu	*Word processor*

He mea nui kia whai rorohiko pōnaho koe
It's important you get a laptop computer

He aha ai?
Why?

Kia mahi ai koe i ō mahi ahakoa kei hea koe!
So you can do your work no matter where you are!

He iti rawa te mata me te papa pātuhi o tēnei rorohiko
The screen and the keyboard of this computer are too small

Ka pai, wehe whārangi i konei
Good, insert page break here

Tiro whārangi ināianei!
Page view now!

Kua oti te tātaki kupu?
Have you done a spellcheck?

Mahia tērā i mua i te tānga mai!
Do that before you print it!

Kua pau te pepa o te pūreretā
The printer is out of paper

Pāwhiria tēnei mō ō karere hiko
Click on this for your emails

Nekehia te pehu ki konei mō te ipurangi
Move the cursor to here for the internet

Pāwhiria te ata kia whakaatu mai te rorohiko i ana ratonga
Click on the icon so the computer shows you the services it can perform

Kōwhiria te momo tuhi e pai ana ki a koe
Choose the font you like best

Pāwhiria te ata tika hei whakatika i te takoto
Click on the appropriate icon so it formats

Tārarotia tēnei rerenga
Underline this sentence

Miramiratia ēnei kupu
Make these words bold

Tītahatia te whakaūpokotanga
Put the heading in italics

Kātahi anō te hōtaka mō ngā tohutō ka tae mai!
The macronising program has just arrived!

17. Numbers and time

Nama/Numbers

Cardinal numbers used for counting are as follows:

tahi	*one*	rua tekau mā tahi	*twenty-one*
rua	*two*	toru tekau	*thirty*
toru	*three*	whā tekau	*forty*
whā	*four*	rima tekau	*fifty*
rima	*five*	ono tekau	*sixty*
ono	*six*	whitu tekau	*seventy*
whitu	*seven*	waru tekau	*eighty*
waru	*eight*	iwa tekau	*ninety*
iwi	*nine*	kotahi rau	*one hundred*
tekau	*ten*	rua rau	*two hundred*
tekau mā tahi	*eleven*	kotahi mano	*one thousand*
tekau mā rua	*twelve*	kotahi miriona	*one million*
tekau mā toru	*thirteen*		
tekau mā whā	*fourteen*		
tekau mā rima	*fifteen*		
tekau mā ono	*sixteen*		
tekau mā whitu	*seventeen*		
tekau mā waru	*eighteen*		
tekau mā iwa	*nineteen*		
rua tekau	*twenty*		

Ordinal numbers used for ranking between one and nine require the prefix *tua*:

Tuatahi	*First*
Tuarua	*Second*
Tuatoru	*Third*
I tuawhā ia	*He/She came fourth*
Wāhanga tuarima	*Chapter five*
Kei te papa tuaono tōna whare	*His/Her apartment is on the sixth floor*

Ordinal numbers from 10 upwards require no prefix:

Tekau mā rima	*Fifteenth*
Waru tekau mā ono	*Eighty-sixth*

This is the format for years:
Rua mano mā tahi 2001
Rua mano tekau mā tahi 2011
Kotahi mano, iwa rau, waru tekau mā waru 1988

When asking about how many items or objects there are, use *e hia*:
E hia ngā āporo?	How many apples are there?
E whitu ngā āporo	There are seven apples
E hia ōku matimati?	How many fingers do I have?
E rima ō matimati	You have five fingers
E hia ngā hōiho o tēnei tauwhāinga?	How many horses are in this race?
Tekau ma whā	14

When asking about how many people there are, use the prefix *toko*. When responding, only use *toko* when the number of people being spoken about is between two and nine:
Tokohia ngā tāngata kei te haere mai?	How many people are coming?
Tokowaru	Eight
Tokohia ō tamariki?	How many children do you have?
Tokotoru aku tamariki	I have three children
Tokohia ngā wāhine o tēnei kapa?	How many women in this team?
Tekau mā rua	12
Tokohia ngā tāngata i haere?	How many people went?
Kotahi rau, ono tekau mā whā	164

When asking how many items or objects are required, use *kia hia*:
Kia hia ngā pukapuka māu?	How many books do you want?
Kia whitu ngā pukapuka māku	Seven books for me
Kia hia ngā inu mā koutou?	How many drinks do you (three or more) want?
Kia ruā tekau mā whā ngā inu	Two dozen (24)
Homai kia kotahi te tōtiti, kia rua ngā hēki	(Can I have) one sausage and two eggs
Kia kotahi anō ka mutu	One more then finish

When indicating there is only one, *kotahi* is used, irrespective of whether it indicates people or objects:

Kotahi te rangatira	*There is only one leader*
Kotahi te whakautu	*There is only one answer*
Kotahi te māngai mō tātou	*There is only one spokesperson for us*
Kotahi te rongoā	*There is only one remedy*

E hia te utu? and *He aha te utu?* are acceptable ways of asking for the cost or price of an item. The words *tāra* for dollars and *hēneti* for cents are commonly used in the response.

E hia te utu mō tēnei waka?	*How much does this car cost?*
Tekau mano tāra te utu mō tēnei waka	*This car costs 10,000 dollars*
E hia te utu mō te parāoa	*How much for the bread?*
E rua tāra	*Two dollars*
Anei ō inu, e tā	*Here are your drinks, sir*
Tēnā koe, he aha te utu?	*Thank you, how much do I owe you?*
E whitu tāra, e waru tekau hēneti	*Seven dollars and eighty cents*

Te wā/Time

He aha te wā? and *Ko te aha te wā?* are the two common ways of asking what the time is. *Karaka* is the equivalent of 'o'clock', *hāora* is 'hours', *meneti* is 'minutes'. Māori follow three general daily time zones, *ata* from midnight to midday, *ahiahi* from midday to dusk, and *pō* from dusk to midnight.

He aha te wā?	*What's the time?*
Whitu karaka	*Seven o'clock*
Tekau karaka i te ata	*10 a.m.*
Toru karaka i te ahiahi	*3 p.m.*
Waru karaka i te pō	*8 p.m.*
Tekau meneti i te ono	*Ten past six*
Rua tekau mā whā meneti i te iwa i te pō	*9:24 p.m.*

It is important to know the following terms:

Hauwhā ki . . .	Quarter to . . .
Hauwhā i . . .	Quarter past . . .
Haurua i . . .	Half past . . .
Waenganui pō	Midnight
Poupoutanga o te rā	Midday
Atatū	Dawn

So you are able to say:

Me hui tātou ā te hauwhā ki te tekau	Let's meet at quarter to 10
Hauwhā i te iwa karaka i te ata te wā	It's 9:15 a.m.
He aha te wā tae mai o ngā tamariki?	What time do the children arrive?
Haurua i te rua ā te ahiahi	2:30 p.m.
He aha te wā mutu o te ngahau nei?	What time does this party finish?
Waenganui pō	Midnight

It's a perfect 'time' now to revisit some of the words and phrases discussed in our grammar section which relate to tenses. Let's begin with words that start with '*i*' and usually indicate past tense:

Inahea?	When?
Inanahi	Yesterday
Inatahirā	The day before yesterday
I tērā wiki	Last week
I tērā marama	Last month
I tērā tau	Last year
I tērā Rāpare	Last Thursday
I haere au ki tō Mere inapō	I went to Mere's house last night
I hoko kai au māu	I bought you some food
I tae mai te kōrero inanahi	The news came yesterday
I taua wā e ranea ana te kai	At that time there was plenty of food

Do you remember the following words? They indicate present tense actions and time:

Ināianei	Now
I tēnei wā	At this time
I tēnei rā	Today
Kei te haere au ināianei	I am leaving now
E tākaro ana rātou i tēnei wā	They (three or more) are playing now
Ka pakanga ngā kapa i tēnei rā	The teams will do battle today

And finally our words and phrases that begin with '*ā*' and usually indicate future time or tense:

Āhea?	*When?*
Āpōpō	*Tomorrow*
Ātahirā	*The day after tomorrow*
Ā tērā wiki	*Next week*
Ā tērā marama	*Next month*
Ā tērā tau	*Next year*
Ā tērā Rāapa	*Next Wednesday*
Ā te wā	*In due course*
Ka haere māua ki tō Hēmi ā te pō nei	*We (us two) will go to Hēmi's house tonight*
Waiho mō āpōpō	*Leave it for tomorrow*
Ka tae mai ngā manuhiri ā tērā wiki	*The visitors arrive next week*
Ā te wā, ka kite koe i te hua o āu mahi	*In due course, you will see the fruits of your labour*

Other important phrases to know:

Kua awatea	*It is daylight/daybreak*
Kua pō	*It is night-time*
Kua tō te rā	*Sunset*
Kei te whiti te rā	*The sun is shining*
Kei te tiaho te marama	*The moon is gleaming*
Kei te kōrikoriko ngā whetū	*The stars are sparkling*
Ā te ata āpōpō	*Tomorrow morning*
Hei te atatū	*Early in the morning*
Hei te ahiahi āpōpō	*Tomorrow afternoon*
Moata rawa	*It's too early*
Tōmuri rawa	*It's too late*
Āhea te haerenga ka tīmata?	*When does the tour begin?*
Kei te tōmuri tātou!	*We (three or more) are late!*
Auē, kia tere!	*Oh no, hurry up!*
Taihoa!	*Hang on a minute!*
Me haere tātou!	*Let's (three or more) go!*
Ia rā	*Every day*
Ia hāora	*Every hour*
Ia haurua hāora, ka wehe te pahi	*The bus departs every half hour*
Ia tekau mā rima meneti, ka rato kai	*Food is served every 15 minutes*

18. Days, months, seasons and weather

Ngā rā o te wiki/Days of the week

Rāhina or Mane	Monday
Rātū or Tūrei	Tuesday
Rāapa or Wenerei	Wednesday
Rāpare or Tāite	Thursday
Rāmere or Paraire	Friday
Rāhoroi	Saturday
Rātapu	Sunday

He aha tēnei rā?	What day is it?
Rātū	Tuesday
Ko te Rāhina tēnei rā	Today is Monday
Ko te aha tēnei rā?	What is the day/date today?
Ko te Tūrei	Tuesday
Ka wehe atu ia ki tāwāhi ā te Rāmere	He/She goes overseas on Friday
Āhea koe haere ai?	When do you leave?
Ā te Rātapu	On Sunday
Āhea koe hoki mai ai?	When do you return?
Aua, ā te Rāhoroi pea	I don't know, maybe Saturday
I konei aku whanaunga i te Rāapa	My cousins were here on Wednesday
Ka tū te hākari ā tērā atu Rāhina	The feast will be held Monday after next
I ngaro ia i te Rāpare	He/She went missing on Thursday
Engari, i kitea ia i te rā i muri iho	But he/she was found the next day
Hurō mō tēnā!	Hooray for that!

Ngā marama o te tau/Months of the year

There are two options for each month of the year:

Kohitātea	Hānuere	January
Huitānguru	Pēpuere	February
Poutūterangi	Māehe	March
Paengawhāwhā	Āperira	April
Haratua	Mei	May

Pipiri	Hune	*June*
Hōngongoi	Hūrae	*July*
Hereturikōkā	Ākuhata	*August*
Mahuru	Hepetema	*September*
Whiringa-ā-nuku	Oketopa	*October*
Whiringa-ā-rangi	Noema	*November*
Hakihea	Tīhema	*December*

Ko te tekau mā iwa o Whiringa-ā-rangi taku rā whānau
My birthday is on the nineteenth of November

Āhea tō rā whānau?
When is your birthday?

Ā te tuawhitu o Mahuru
On the seventh of September

Ko Poutūterangi te marama tuarua o te tau
March is the third month of the year

Hei te marama o Pipiri, Matariki
The Māori new year is in June

Ka tū te whakataetae ā te marama o Haratua
The competition is to be held in May

Hei te Hakihea te rā Kirihimete
Christmas is in December

Hei te kotahi o Kohitātea tō māua mārena
Our wedding is on the first of January

I waitohua te Tiriti o Waitangi i te tuaono o Pēpuere
The Treaty of Waitangi was signed on the sixth of February

Ngā kaupeka o te tau/Seasons

Raumati	*Summer*
Ngahuru	*Autumn*
Hōtoke/Takurua	*Winter*
Kōanga	*Spring*

He aha te mahi pai ki a koe i te raumati?
What do you prefer doing in summer?

Hī ika, ruku moana rānei?
Fishing or diving?

I te ngahuru, ka makere mai ngā rau i ngā rākau
In autumn the leaves fall from the trees

Ka tino makariri ngā pō i te hōtoke, nē?
The nights are very cold in winter, aren't they?

Ia kōanga, puāwai ai ngā putiputi
The flowers blossom every spring

Huarere/Weather

Huarere	*Weather*
Tohu huarere	*Weather forecast*
Marino	*Calm weather*
Puhoro	*Bad weather*
Hātai	*Mild weather*
Ua	*Rain*
Āwhā	*Storm*
Marangai	*Heavy rain*
Paki	*Fine weather*
Kapua	*Cloud*
Kōmaru	*Cloudy*
Wind	*Hau*
Hauraki	*North wind*
Hautonga	*South wind*
Hauāuru	*West wind*
Hauwaho	*East wind*
Wera	*Hot*
Makariri	*Cold*
Hukapapa	*Frost*
Puaheiri	*Snow*

Ko Tāwhirimātea te atua o te huarere
Tāwhirimātea is the god of the elements

He wera tēnei rā
It's hot today

Te wera hoki, nē?
Gee, it's really hot isn't it?

He rā pai tēnei mō te kaukau
It's a great day for a swim

He mahana te wai?
Is the water warm?

Āe mārika!
Yes, it's beautiful!

I te raumati, ka marino ngā rā
The weather is calm in summer

Kei te whiti te rā
The sun is shining

E heke ana te tōtā i a au
The sweat is dripping off me

Te āhua nei, ka paki
It looks like it's going to be fine

E pararā ana te hau
It's extremely windy

Tatari kia mimiti te hau
Wait until the wind drops

He makariri tēnei rā
It's cold today

Titiro ki te hukapapa!
Look at the frost!

He rā pai tēnei mō te mātakitaki kiriata
It's a good day for watching movies

I te takurua, ka heke te marangai
It rains heavily during winter

Kei te hōhā au i te ua
I am sick of the rain

He marangai kei te haere mai
There is heavy rain on the way

I rongo koe i te whatitiri?
Did you hear the thunder?

I kite koe i te uira?
Did you see the lightning?

Ka ua ākuanei
It's going to rain soon

Me reti puaheiri tātou!
Let's (all of us) go skiing!

19. Travel and directions

Mā hea is used in conjunction with *ai* after the verb to ask how someone is travelling:

Mā hea tātou haere ai ki Te Araroa?
How are we (all of us) going to Te Araroa?

Mā runga pahi
On the bus

Mā hea a Hēni haere ai ki te ngahere?
How will Jane be travelling to the forest?

Mā runga waka topatopa
In the helicopter

Mā hea koutou hoki mai ai?
How will you (three or more) be returning?

Mā raro
By foot (walking)

Mā raro tāua haere ai, nē?
Let's (you and I) walk, shall we?

Mā runga i tōku waka au haere atu ai
I will travel in my own car

These phrases are vital, if you are to arrive at your destination. If you need someone to repeat some directions, just say 'anō':

Tēnā koa
Excuse me

Me pēhea taku tae atu ki . . . ?
How do I get to . . . ?

Me haere tōtika
Go straight

Me huri mauī
Turn left

Me huri matau
Turn right

Kei hea te marae?
Where is the marae?

Kei te kokonga tuatoru, huri mauī
At the third corner, turn left

Kei hea a Tāmaki i tēnei mahere?
Where is Auckland on this map?

Kei hea te whare pupuri taonga?
Where is the museum?

E hia te tawhiti i konei
How far is it from here?

E whitu kiromita
Seven kilometres

E hia te roa kia tae atu?
How long does it take to get there?

E rua hāora
Two hours

Kei te huarahi tika au ki . . . ?
Am I on the right road to . . . ?

Kei te ngaro au
I am lost

Āwhina mai
Can you help me please

To ask the question, 'Where is the nearest . . . ?' just ask, 'Is there a . . . around here?'

He wharepaku kei konei?
Are there toilets here?

He pūrere tango moni kei konei?
Is there a money machine here?

He hereumu kei konei?
Is there a bakery here?

He kāinga taupua kei konei?
Is there a hostel here?

He papa hopuni kei konei?
Are there any camping grounds here?

Mā runga waka/Travelling by car

Kei hea te whare kōhinu?
Where is the gas station?

Whakakīia
Fill it up, please

He kōhinu, he hinumata rānei?
Is it petrol or diesel?

Horoia te mataaho
Wash the windscreen, please

Tirohia te hinu me te wai
Check the oil and water, please

Kei a koe te mahere?
Have you got the map?

Whakamaua tō tātua
Put your seatbelt on

Āta haere
Slow down

He inaki waka kei te huarahi matua
There is a traffic jam on the main road

Whakatipihia atu!
Overtake!

Engari, kia tūpato!
But be careful!

Arotahi ki te huarahi
Watch the road

He motuara kei mua i a tātou!
There is a traffic island in front of us!

He huarahi kōpikopiko tēnei
This is a winding road

Mahia he kōnumi!
Do a U-turn!

Kei te whakapae ruaki au
I am feeling nauseous

Me tū tātou ki te whakatā
Let's (all of us) stop for a rest

He rare āu?
Have you got any lollies?

Kua tata
Nearly there

Rarunga waka/Car troubles

Kua pau te kōhinu
It's out of gas

Kua pau te pūhiko
The battery is flat

Kua pakaru te mataaho
The windscreen is broken

Kua pakaru te pūtororē
The exhaust is broken

Kua tata haukore te porotiti
The tyre looks low

Kua haukore te porotiti
The tyre is flat

I pahū tētahi mea
Something blew up

E kore e tukatuka
It won't start

Kei te pīata mai te rama hinu
The oil light is on

Kei te pīata mai te rama tumuringa
The handbrake light is on

Ki te piki puke te waka, ka pukā te pūkaha
The engine overheats when the car climbs a hill

Mā runga waka tono/Travelling by taxi

Kei hea te tūnga wakatono?
Where is the taxi stand?

Kei te wātea koe?
Are you free?

E hia te utu i konei ki te tāone?
How much from here to town?

He tāhae tēnā!
What a rip-off!

Haria ahau ki te hōhipera
Take me to the hospital

    . . . ki te hōtera Novotel
    . . . to the Novotel Hotel

    . . . ki te papa rēhia
    . . . to the park

    . . . ki te papa waka rererangi
    . . . to the airport

Tatari mai i konei
Wait (for me) here

Tēnā koa kia tere ake
Can you please go faster

E tū i konei
Stop here

Mā runga waka/On the bus

Kei hea te tūnga pahi?
Where is the bus station/bus stop?

Āhea te pahi ki Kirikiriroa wehe atu ai?
When does the bus to Hamilton depart?

Ā te toru, te whā me te rima karaka
At three, four and five o'clock

Āhea te pahi tae atu ai ki Te Whanganui a Tara?
When does the bus arrive in Wellington?

Āpōpō
Tomorrow

E hia ōna tūnga?
How many stops does it make?

Ka tū ki hea?
Where are the stops?

E hia te utu mō ngā tīkiti?
How much are the tickets?

E rima tāra, e whā tekau heneti
$5.40

E hia te roa o te haere?
How long will the trip take?

E ono hāora
Six hours

Homai he hōtaka pahi
Can I have a bus schedule, please

He pahi hōpara kei konei?
Is there a sightseeing tour bus?

Ka haere te pahi hōpara ki hea?
Where does the sightseeing tour bus go to?

Āhea te pahi e whai ake nei?
When is the next bus?

Tīkiti ahutahi, koa
One-way ticket, please

Tīkiti takaāwhio, koa
Return/Round-trip ticket, please

Ko tēhea te pahi ki . . . ?
Which bus goes to . . . ?

Ki hea au makere atu ai?
Where do I get off?

Ki te tūnga e whai ake nei
At the next stop

E haere ana tēnei pahi ki tō māua hōtera?
Is this bus going to our (two) hotel?

Mā runga waka rererangi/Travelling by plane

Me whakarerekē/whakakore au i taku tīkiti
I want to change/cancel my ticket

He utu tāpiri mō tērā?
Is there an additional cost for that?

Kia rua tūru mōku i te waka rererangi ki . . .
I would like two seats on the plane to . . .

Āhea te wā whakaturuma?
What time is check-in?

Āhea rere ai?
What time does it depart?

Āhea tau ai?
What time does it land?

Kei hea te tomokanga mō te waka rererangi ki . . . ?
Where is the gate for the plane going to . . . ?

He aha te nama o te waka rererangi?
What is the flight number?

He waka rererangi auahi kore tēnei
This is a smoke-free flight

He inu māku
Can I have a drink

He heihei māku
I'll have the chicken

He mīti kau māku
I'll have the beef

Kāore au i te hiakai
I am not hungry

He aupuru anō mōku, koa?
Can I have another pillow, please?

He paraikete anō mōna, koa?
Can he/she have another blanket, please?

Kaua e whakaoho i a au mō te kai
Please don't wake me for a meal

Kia pai tō rere!
Have a nice flight!

Mā runga poti/Travelling by boat

Kei hea te tauranga waka kōpiko?
Where is the ferry terminal?

Āhea te waka kōpiko tere ai?
When does the ferry depart?

Āhea hoki mai ai?
When does it return?

Ka tū te kaipuke ki ētahi atu tauranga?
Does the ship call in at any other ports?

E hia te utu mō ngā tīkiti?
How much are the tickets?

Kei te pīrangi kōpuha tūmataiti mōku
I would like a private cabin

E hia ngā moenga kei ia kōpuha?
How many beds in each cabin?

He rongoā ōu mō te mate tāngorongoro?
Do you have any remedies for seasickness?

Tikina mai he pire tāngorongoro
Fetch me some seasickness pills

Kei hea ngā wharepaku?
Where are the toilets?

Kei te wātea tēnei tūru?
Is this seat free?

Kua riro tēnei tūru
This seat is taken

Kei hea ngā waka rauora?
Where are the lifeboats?

Kei raro i ngā turu ngā kahu kautere
The life-jackets are under the seats

Titiro ki te tohorā!
Look at the whale!

Te puaheihei hoki o te moana!
Wow, isn't the sea rough!

Kei te marino te moana
The sea is calm

Hoea te waka!
Paddle the canoe/Row the boat!

20. Idioms and slang

Māori speakers love using idioms, colloquialisms and slang. This, however, can be problematic for someone new to the Māori language because these expressions usually have a specialised meaning known only by the group of people or tribe that created them. New idioms and colloquial expressions are being created every day. They are symbolic of conversational language and to some degree indicate the health and vitality of a language. They generally have a figurative meaning completely separate from the literal meaning or definition of the words, leaving most of us scratching our heads and wondering, 'What on earth did he or she mean by that?!'

Take the well-known Māori language expression from the Taranaki region, 'Whano, kia motu te taka o te roi!' This particular expression was used in the sports section of this book with the translation, 'Take no prisoners!' (A pretty common statement heard in any sporting arena.) Now, if I was to literally translate this expression, 'Go forth and cut (motu) the tap root (taka) of the fern root (roi),' would you still be able to ascertain its true meaning? Or, if you are being completely honest with yourself, are you now thinking it should be in the gardening section? This is the beauty of idiom to the native or fluent speaker, and the difficulty of idiom to the newcomer or language learner.

Let's look at another example, but this time from the English language, 'It's raining cats and dogs.' If I were to utter this particular idiom to someone who knew very little English, they would probably look to the sky and wait for this miraculous event to happen. Probably end up being quite messy if cats and dogs did fall from the sky, wouldn't it?! An umbrella wouldn't be much help! So, I would have to explain to this person that 'raining cats and dogs' figuratively means that it is raining very heavily. The following phrases are one-off sentences for you to use while you are speaking Māori to someone. As I mentioned earlier, they may have been understood by only the group or tribe who first uttered them originally, but have since become part of everyday Māori language.

Meinga! Meinga!	Is that so!?
Tō ihu!	Butt out!
Nā whai anō	Well that explains it
Ākene koe i a au!	You watch it or else!
Nā wai tāu?	Says who?

Kāore i a au te tikanga	My hands are tied
Nāwai rā, nāwai rā	Eventually
Āe mārika!	For sure!
Hoihoi koe!	Bite your tongue!
Anā e pūkana mai nā	Right under your nose
Ki konā koe mate kanehe ai	Are you lovesick or what
Kāore e kore	Without a doubt
Hei aha atu māku!	Why should I care!?
E rua, e rua!	Two of a kind!
Kāti i konei!	This ends here!
Pakaru mai te haunga!	How terribly offensive!
Ka kino kē koe!	You're too much!
Te tū mai hoki o te ihu	What a snob
Kua mau tō iro?	Have you learnt your lesson?
Ka tau kē!	Fantastic!
He kōrero i pahawa	All talk no action
Kaitoa!	Serves you right!
Ehara, ehara	On the contrary
Nō hea te ūpoko māro e aro	He's too stubborn to understand
Nā wai hoki tātou i a koe!	Look what you've got us into!
Ko wai koe?	Who do you think you are?
Ka kai koe i tō tūtae!	You will regret it!
Parahutihuti ana te haere!	Couldn't see them for dust!
Mā tēnā ka aha?	What difference will that make?
Nāna anō tōna mate i kimi	She thought she knew better
Puku ana te rae!	He hit the roof!
I reira te mahi a te tangata!	The place was packed!
Kei noho koe!	Don't even think about it!
Kaikainga ngā taringa	Got an earful
Engari tonu	You bet, for sure
He aha hoki!	No way!
Aua atu	Don't worry
Kua taka te kapa	I get the picture
Hei aha māu!	Mind your own business!
Me karawhiu!	Give it heaps!
He rā nō te pakiwaru!	Very hot day!
Mā te aha i tēnā	Better than not at all

Me hāngai te kōrero!	*Don't beat around the bush!*
Āmiki rawa tēnā!	*Too much detail/information!*
Pōuri atu!	*Make way, I'm coming through!*
Engari koe!	*Gee, you're the man!*
Koia kei a koe!	*You're awesome!*
Nāia!	*Here it is!/Here you go!*
Kātahi rā hoki!	*How astonishing! (Good or bad)*
I wāna nei hoki!	*Poor thing!*
Ka aroha kē!	*How sad!*
Mō taku hē!	*I'm sorry!*
Nē?	*Is that so?/Really?*
E kī rā?	*Is that so?/You don't say?*
Te anuanu hoki!	*Whoa, that's disgusting/ugly!*
Kei konā au!	*I'm with you on that!*
Hoea tō waka!	*Off you go!/You're on your own!*
Kia ahatia!	*So!/So what!*
Kāti te patu taringa!	*Stop battering my ears!*
Kāti te horihori!	*Stop telling lies!*
Koia! Koia!	*That explains it!*
Koirā anake te mahi e pahawa i a koe!	*That's all you're good for!*
Kua oti te ao!	*That says it all!*
Koinā tāku!	*That's what I reckon/think!*
Kua riro māna ināianei	*The ball's in his court now*
Auare ake	*To no avail*
Tē taea e rātou!	*They haven't got a chance!*
Te hiapai hoki!	*What a damn cheek!*
Mā koutou anō koutou e kuhu!	*You can fend for yourselves!*
Mea ko au koe . . .	*If I were you . . .*
Ka patu tōna pīkaru	*Fast asleep/Out to it*
Hika mā!	*For crying out loud!*
Tōna tikanga	*Supposedly*
Kotahi atu	*Make a beeline for*
Whakaputa mōhio!	*Know-it-all!*
Kāore e nama te kōrero	*Has an answer for everything*
Te weriweri rā!	*That creep!*
Tuhia ki tō rae	*Never ever forget it*

Kātahi te whakaaro pōhēhē ko tēnā!	What a daft thought!
Kei tāwauwau kē koe!	You are way off track!
Kāore he painga i a ia!	No sweat to him/her!
Kua hiki te kohu?	Get the picture?
Mea rawa ake . . .	Next minute . . .
Tiro pī	Look at with doubt or suspicion
Manohi anō	On the other hand
Kua kino kē ngā piropiro	In a foul mood
Hanepī tonu atu	Dumbfounded
Hau pīrau!	Exaggerating/Laying it on thick!
Ka kari tonu!	Still digging/persisting!
Kua tangi kurī	Crying for nothing
Whakangaro atu koe!	Get lost!
Kua pakaru te pūkoro!	Broke! (no money)
Tarau makere!	Promiscuous woman!
Ure paratī!	Promiscuous man!

21. Proverbs

Whakataukī or proverbs are fun to learn, just like colloquialisms and slang terms. Whenever I have attempted to learn a bit more about other languages of the world, the first thing that I can usually retain is a greeting, a proverb or a colloquial phrase. And guess what, they are about the only things I can remember from my Italian, French and Russian language experiences!

There are countless proverbs in the Māori language and it would be a valuable exercise to learn as many as you can. They are used as a reference point in speeches and are a guide for day-to-day exchanges. They outline historical events, cultural perspectives and, when used at the right time, can be extremely influential. Listed below are some of the plethora of whakataukī that exist.

Tēnā te ringa tango parahia
That is the hand that pulls out the weeds (used for a diligent, hard-working person)

He ao te rangi ka ūhia, he huruhuru te manu ka tau
As clouds adorn the sky, feathers enhance the beauty of the bird (said of a well-dressed, fashionable person)

Hōhonu kakī, pāpaku uaua
Long on words, short on actions

E kore e taea e te rā te waru
Difficult matters require time to deal with them

E tata tapahi, e roa whakatū
Procrastination is the thief of time

Okea ururoatia
Never say die

Iti noa ana he pito mata
From the withered tree a flower blooms

E hia motunga o te weka i te māhanga
Once bitten, twice shy

E kore a muri e hokia
What's done is done

Tangaroa piri whare
Walls have ears

Kia mau te tokanga nui a Noho
There is no place like home

Āe, he māunu kaukau wai
Yes, like a duckling that swims about in the water (aimless or inept person)

Me te kete kainga e riringi ana ki te pari
Like a basket of empty shells being poured over a cliff (makes a lot of noise but no substance)

Ahakoa he iti te matakahi, ka pakaru i a ia te tōtara
Even though the wedge is small, it brings down the mighty tōtara tree (a little effort can achieve great things)

Ahakoa kai tahi, tērā a roto te pūhaehae
Although they eat together, jealousy resides within them (true unity is difficult to achieve)

Aitia te wahine o te pā harakeke
Marry the woman capable of rearing a family

Ākuanei a Kino tō ai me he rā
Soon evil disappears like the setting sun (a community can overcome evil if it tries hard enough)

Anei tātou nā ko te pō, anā tātou nā he rā ki tua
Here we are in the night, but day is on the way (there is light at the end of the tunnel)

Ko te whare whawhao o Te Aokapurangi
This house is crammed full like that of Te Aokapurangi (packed to the rafters)

Ānō me he whare pūngāwerewere
As though it were a spider's web (said of a fine piece of artwork such as weaving or carving)

Ehara te tangata i te peka tītoki
Unlike the branch of the tītoki tree that decays and dies, people live on through their descendants

Arero rua
Said of a person who changes his or her mind or opinions

Ehara au i te rangatira engari he ata nō te tangata
I am not a chiefly person but rather the reflection of one (an expression of humility)

He kōpara kai rērere
A flitting bellbird (she looks good, sounds good but she flits about everywhere)

Ehara i te aurukōwhao, he takerehāia
It's not a small leak, but a huge hole in the hull (said of a major disaster)

Ehara taku toa i te toa takitahi, engari he toa takitini
My strength is not mine alone, it comes from the collective/group

E haunui ana i raro, e hari ana i runga
It's blustery below but the sky above is clear (the difficult times are over and the way ahead is now easier)

He hākuwai te manu e karanga tonu ana i tōna ingoa
The hākuwai is the bird that calls its own name (a comment about a person who is always boasting of his or her achievements)

Ka pōrangitia au e te tuiau nei
This flea could drive me mad (something small that is causing a lot of problems)

Kei whawhati noa mai te rau o te rātā
Don't pluck the blossoms of the rātā tree (some things are perfect just the way they are)

E koa koe ināianei, māku te rā āpōpō
You may have won today, but tomorrow will be my turn

E kore koe e ngaro, he kākano nō Rangiātea
You shall never be lost for you are a sacred seed sown in the heavens

E kore e hekeheke he kākano rangatira
A noble heritage will not perish

E kore e horo i a rātou te hauhunga
They will not dispel the frost (a small number of workers cannot be expected to complete a task that requires many)

Me ara te mata hī tauā
A warrior must always be alert (in today's society it could refer to a sportsperson)

E ngaki ana ā mua, e tōtō mai ana a muri
If the first group do the work properly, the following group can accomplish the task

E patu te rau, e patu te arero
The tongue (slander or gossip) can injure many

Harahara aitu, harahara ā tai
A complete disaster

He ahi i te kimonga kanohi
When people know what to do the task is easily accomplished

He hoe kōnukenuke
Like a crooked paddle, he or she cannot be relied on

He iti hau marangai e tū te pāhokahoka
Just like a rainbow after the storm, success follows failure

He iti tangata e tupu, he iti toki e iti tonu
People grow, adzes remain small (people are more valuable than material possessions)

Kia hinga me te mangō tāeo
One should die like a shark with courage and tenacity

Tīkarohia te marama
Seek out that which is most important

Ko tāu rourou, ko tāku rourou, ka ora te manuhiri
With your contribution of food and mine the visitors will be sustained

Ahakoa he iti, he iti nā te aroha
Although it is small, it is given with affection

Acknowledgements/He mihi

Ki taku tōrere pūmau ki a Stacey,
Ki aku tamariki kāmehameha ki a Hawaiki kōrua ko Kurawaka,
Ki taku kōkara whakaruruhau ki a Beverley,
Ki a Jeremy Sherlock me te umanga Penguin,
Ki aku hoa whare wānanga, nā kōrua nei i whakatō mai te kākano o te reo ki tōku whatumanawa, arā, ki a Finney Davis kōrua ko Timi-i-te-pō Hohepa, tae atu rā ki aku pouako kaingākau nā koutou nei tōku reo i whakapakari, i whakamakaurangi kia puāwai atu ai ki te ao, arā, ki ngā whītiki o te kī, ki ngā rūānuku o te kōrero, ki a Ahorangi Wharehuia Milroy, Ahorangi Timotī Kāretu, me Ahorangi Pou Temara,
Tē taea e te kupu noa ngā mihi o te ngākau te whakapuaki ake, nō reira, kia pēnei noa, tēnā rā koutou katoa!

To my darling wife Stacey,
To my precious children Hawaiki and Kurawaka,
To my ever supportive mother Beverley,
To Jeremy Sherlock and Penguin,
To my university colleagues Finney Davis and Timi-i-te-pō Hohepa, who encouraged me to learn the language and imbedded its essence within me,
To my admired lecturers, who continue to shape and enhance my language skills in readiness for the public arena, doyens of oratory, virtuosos of rhetoric: Professor Wharehuia Milroy, Professor Timotī Kāretu and Professor Pou Temara,
Words cannot fully express my gratitude!